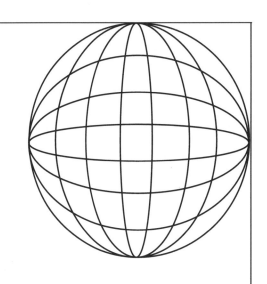

ボランティア・市民活動助成 ガイドブック

2021－2022

共同発行： 東京都社会福祉協議会民間助成団体部会

東京
ボランティア
市民活動
センター

JN118870

Tokyo
Voluntary
Action
Center

2021年調査

ガイドブックの利用について

○この一覧には、東京ボランティア・市民活動センターと東京都社会福祉協議会民間助成団体部会が、2021年4月に調査を実施した、ボランティア活動・市民活動に対しての助成事業、表彰事業、融資事業を実施する団体が掲載されています。

○掲載順序は団体名の50音順となっています。

○掲載項目は下記の通りです。

団体名（ふりがな・法人格含む）	助成団体の名称です。
住所	団体事務局（本部）の所在地です。
電話番号・FAX番号	団体の電話およびファクシミリ番号です。
ホームページURL	団体が開設しているホームページのURLです。
E-Mailアドレス	団体の保有するE-Mailアドレスです。
理念・事業の目的等	団体の理念、もしくは当該助成事業の目的です。
事業名	団体の実施する助成事業の名称です。
助成（表彰・融資）対象内容	助成（表彰・融資）対象となる活動内容です。
助成（表彰・融資）団体	助成（表彰・融資）対象となる団体の要件です。
助成（賞・融資）金額（総額）	助成（賞・融資）総額です。
助成（賞・融資）金額（一件あたり）	一件あたりの助成（賞・融資）金額です。
申請（応募）手続き	申請書類の請求方法や、申請手続きに必要な事項です。
応募（受付）期間及び応募（受付）締切	申請（受付）期間及び申請（受付）締切時期です。
助成（表彰・融資）決定時期	助成（表彰・融資）が決定される予定時期です。
備考	その他、関連事項が記入されています。
提出書類	申請書類の他に提出が必要な書類です。

必要書類にはチェックが記されています。
- ○定款・規約　　○団体の予算書・決算書
- ○役員名簿　　　○団体資料（パンフレット）
- ○その他

申請書類の様式例	申請書類の様式および関連資料です。

注意事項

○掲載内容には、既に申請受付が終了された事業も含まれています。

○助成（表彰・融資）事業は、年度や次の公募の際に変更される場合があります。新たに申請を行う場合は、必ず内容を確認してください。
　また、申請書類の様式についても変更される場合があります。申請書類の様式は参考に掲載しているものですので、実際の申請には使用しないで下さい。

○掲載内容は2021年5月31日現在の情報です。今後、新型コロナウィルス感染拡大の影響等を受け、実施時期や内容に変更が生じる可能性があります。申請に当たっては、必ず団体の実際の募集要綱を確認するようにしてください。

問い合わせを行う場合

○助成事業などへの問い合わせを行う場合、下記の点について、簡潔にお伝え下さい。
　　a．**実施予定の事業概要**（特に、実施予定の事業が、希望の助成〔表彰・融資〕事業に該当するかについてお問い合わせの場合、事業概要を簡潔におまとめの上、ご連絡下さい。）
　　b．希望する助成（表彰・融資）事業
　　c．助成（融資）希望金額

○東京ボランティア・市民活動センターでは、民間助成に関するお問い合わせやご相談を受け付けております。また、ホームページでも最新の助成事業情報を提供しています。このガイドブックの内容とあわせてご活用下さい。

東京ボランティア・市民活動センター（民間助成担当）
Tokyo Voluntary Action Center

〈開所時間〉　火〜土　9：00〜21：00／日　9：00〜17：00
　　　　　　＊月曜および祝祭日はお休みです。
〈住所〉　〒162−0823　東京都新宿区神楽河岸1−1　セントラルプラザ10階
〈TEL〉　03−3235−1171　〈FAX〉　03−3235−0050
〈URL〉　https://www.tvac.or.jp

ボランティア・市民活動助成ガイドブック

目　　次

＜表彰事業実施団体一覧＞

＜融資事業実施団体一覧＞

助成金申請 5つのステップ

Step 1　なぜ「助成金」を申請するのか？明確にしよう

・助成金を申請する上で「どうして助成金が必要なのか？」という理由の説明は不可欠です。確かに「お金がないから」という理由も大切ですが、「お金がない」ならば無理して事業をしなくてもいいのでは、という見方もできてしまいます。

・また「お金がない」状況は他の申請団体も同様です。多くの助成金は、助成団体という第三者からの（団体の存続支援ではなく）「事業」に対する支援ですから、先方に事業の意義と助成金が必要な理由を理解・共感してもらうことが重要です。

・数ある助成プログラムに手当たり次第申請するのは遠回りです。「なぜこの事業を行いたいのか？」「社会的意義は何か？」「どのような計画や体制で事業を行うのか？」などを団体内で話し合います。そして、その実現のためには「どのような助成が必要か？」を整理し、募集要項をよく読んで理念や目的に見合った助成プログラムを探します。

Step 2　助成金の情報を集めよう

・助成金の情報はさまざまな形で発信されています。主に以下のような場合があります。
　①インターネットで周知
　②各助成団体の発行する広報紙やポスターなどに掲載
　③新聞の紙面に掲載
　④社会福祉協議会やボランティア・市民活動センターの広報紙・掲示板・ウェブサイトに掲載
　⑤助成金情報を集めた冊子に掲載

・この他にも助成団体が、臨時に助成（災害発生時や物品寄贈など）を行ったり、新たな助成事業を開始したりする場合も考えられます。さらには、従来の助成内容が変更されたり、年度ごとに重視するテーマが変わったりすることもあるため、丁寧に情報収集することが必要です。

【助成金情報が掲載されている主なウェブサイト】
＊「東京ボランティア・市民活動センター（TVAC）」のホームページ「ボラ市民ウェブ」
　https://www.tvac.or.jp/
＊「公益財団法人　助成財団センター（JFC）」のホームページ
　http://www.jfc.or.jp/
＊「地球環境パートナーシッププラザ（GEOC）」による運営サイト「環境らしんばん」

Step 3　この「助成を選んだ理由」について提案しよう

- 助成団体は積極的に助成を行おうとしています。審査においても「この事業によって、どんな効果が得られるのか」という点に注目しています。
- ポイントは、申請書類を通して「この事業を実施することによって、助成団体が期待する効果を得ることができる」と、具体的な提案や説明ができるかどうかです。
- そのために、過去の助成実績が参考になります。その助成団体がこれまでどんな事業に助成しているのか、内容や傾向を調べ、助成の意図を読み取ることが必要です。過去の助成団体の情報は、助成団体の発行する広報紙やホームページに掲載されていることがあります。

Step 4　熱意は表すもの　はっきりと文章に表現しよう

- 申請書類の中には「団体紹介ばかりで『何について』、あるいは『何のために』助成を希望しているのかわからない」ものや「その助成を受けてどんな効果があるのか説明されていない」ものもあります。
- 真剣さや熱意の推測はできます。しかしそのこと（熱意をもって事業を確実に行うことができる）が具体的な「文章」として書かれていなければ、審査をする側に理解してもらうのは難しいでしょう。
- 申請書類を作る際、以下の項目について箇条書きにすることをおすすめします。
    - ①団体の目的・活動内容
    - ②申請する事業の内容と具体的な計画
    - ③申請する事業の社会的効果や意義
    - ④その助成プログラムを選んだ理由
    - ⑤希望する助成の内容
- また、申請書類は書き上げてすぐに提出するのではなく、団体のことを知る人と、全く知らない人に読んでもらい、感想をもらい、手を加えていくのも効果的です。

Step 5　提出の前に、焦らずもう一度確認　基本が大切

- 完成した申請書類はコピーをとります。審査の段階で助成団体から問い合わせがくる場合もあります。また、万一採択されなかった場合、「なぜ選ばれなかったのか」の分析を行うためにも、申請書類のコピーは重要です。
- 一つの助成プログラムには、多くの団体が申請するため、選ばれるかどうかは、他団体の状況や件数にも左右されます。しかし、「添付書類が揃っていない」「記入や捺印にもれがある」「金額の積算が間違っている」と初めの段階で落とされてしまう例は、意外に多いのです。まずは「基本」をおさえること。当たり前ですが、それが助成金を得る一番の方法です。

助成を受けた事業で困ったときは・・・

⇒　助成団体にも報告と相談を！

- 助成金は、申請をした時点の計画で実施をしていくのが原則です。
- ただし、やむを得ない事情、例えば災害や感染症の流行、あるいは予期せぬアクシデントに伴う対応などで、助成を受けた活動ができなくなった、あるいは大幅に活動の内容を変える必要が出てきた、というケースはあると思います。現に、東京ボランティア・市民活動センターでも、さまざまな理由で「助成を受けた事業が申請時点の計画通りにいかなくなりそうですが…」という相談を受けています。
- その場合は、必ず助成団体（助成をしてくれた団体）に報告と相談をしましょう。助成をした趣旨や目的に沿っている相談であれば、柔軟に対応してもらえる場合もありますし、相談の中から、課題解決に向けたヒントや新たな方策が生まれるかもしれません。

⇒　助成団体との信頼関係を築くためにも

- 適切なタイミングでの「報告・連絡・相談」は、信頼関係を形成するための重要な要素の一つでもあります。
- 適切なタイミングでの相談をしてくれる場合は、助言や適切な対応をとれることも多いですし、それ以上に「報告・連絡・相談」を丁寧にする団体には、助成団体も信頼を寄せることができます。
- 逆に、相談なく、団体の判断のみで内容を勝手に変更した場合、助成団体との信頼関係に影響を及ぼしますし、助成金の返金を求められることもあり得ます。
- 助成団体は、各団体へお金を渡しているだけではなく、助成を通じて「社会課題を一緒に解決したい」という気持ちや「この団体なら自分たちには取り組みが難しい活動をしてくれる」という期待、「助成をした結果社会がどう変わるか」なども考えながら助成をしています。助成を受けた時点で、その事業は実施する皆さんだけではなく、助成をしてくれた団体の想いも背負うことになります。そのため、助成事業について大きな内容や方法の変更を伴う場合や、事業の進捗が計画通りにいっていない場合は、助成団体へ相談をしましょう。

助成を受けた次の年

報告書でアピールしよう

- 助成事業（助成を受けて実施した事業）終了後には、助成団体に対して報告書の提出が必要です。ここでの報告内容は、基本的には「助成金の使途内訳」についてですが、使途が申請内容と異なる、計算のミスがある、領収書の添付がないなど、報告書の不備は意外と多く見られます。助成側にとって報告書は助成した団体の「顔」となります。簡単な内容でも正確・丁寧に記入することが大切です。

- 助成プログラムの中には、一度助成を行なった団体に対して連続した助成をしないものがあります（例えば、申請条件に「直近〇年以内に当該助成を活用していないこと」と定めている）。このような場合、再度助成対象となるためには一定の間隔（おおむね3年程度）を置くことが必要です。しかし、過去に助成した団体全てを「対象外」としているものは少なく「2度目はないから、もう関係ない」と、報告書作成の手を抜いてしまうことは、数年後の助成獲得のチャンスを遠ざけてしまうことにもなりかねません。

- さらに報告書は、団体の力量や可能性を助成団体にアピールする機会にもなります。成果のみを一方的に強調するのではなく、事業を通して浮かび上がった新たなニーズや社会的課題、今後の活動の方向性を示すことで団体の意志と積極的な姿勢を表すことができます。

成果と課題を振り返ろう

- 助成を受けたことが、1回の事業で終わることなく、団体や活動の発展につながるためには、団体内での振り返りがとても大切です。

- その事業は、助成を受ける前と比べてどこがどのように変わったでしょうか。また、団体の役員・スタッフの意識に変化はありましたか？助成事業が終了したら、次のポイントについて話し合ってみてください。こうした議論の積み重ねは、次の活動へのアイデアにもつながります。

振り返り（評価）のポイント	視点
○ 目標と課題の達成	・事業を計画した当初に決めた目標や課題について、どこまで達成できましたか？
○ 残された課題	・事業を計画した当初に決めた課題について、達成できなかった課題は何ですか？
○ 新たな課題	・団体として新たに取り組む必要がある課題が、浮かびましたか？
○ 新たなメンバーの参加	・実施した事業をきっかけに、団体の活動に新たに参加したメンバー（団体役員・スタッフなど）はありましたか？ ・団体の使命（ミッション）や、活動の方向性などについて、ともに議論し、考えることができる関係が広がりましたか？
○ 理解者や支援者の広がり	・実施した事業をきっかけとして、団体の存在を認知し、活動について理解、共感しながら、支援していただける人やグループ、団体などができましたか？
○ 他団体との新たなつながり	・同じ分野や、関連する活動をしている団体を知り、課題共有や、連携、協力ができそうな関係ができましたか？
○ 新たな社会資源の開拓	・今後の活動で、活用できそうな社会資源（人・モノ・金・情報など）を開拓できましたか？
○ 事務局の執行体制	・事業実施の上で必要な連絡・調整などの事務についてすすめる体制は、十分でしたか？ ・特定の担当者に業務が偏ったり、従来の活動との区別があいまいになってしまったりしたことは、ありませんでしたか？
○ 計画の変更や新たな決定と合意	・助成事業を進める上で、変更（活動日や担当、会議や打ち合わせの日程や内容など）が生じた際、関係者（役員、スタッフ、会員、ボランティアなど）の理解と同意を得る努力を、十分に行いましたか？
○ スケジュール	・従来の活動と並行しながら、助成事業を実施することについて、スケジュールは守れましたか？

Check 3　事業の成果を多くの人たちに発信する

・助成事業の成果や内容を関係者や一般市民に向けて、広く発信することも大切です。例えば、総会の中に「助成事業の報告」の時間を設けたり、市民を対象にシンポジウムや学習会などを開催することは、団体が取り組んでいる課題について多様な人と「一緒に考える」貴重な機会となります。

・また、事業の成果をまとめた冊子やパンフレットを作成するのもアイデアの一つです。広く頒布を行うことによって活動への理解を広げることにつながります。多くの人に、自分たちの団体が「何をしたいのか」について理解してほしい場合、実際に今まで「何をしてきたか」の成果を伝えると大きな説得力になります。

Check 4 「気づいたこと」とアイデアを出しあおう

・事業に取り組む中で「次はこうしたい！」というアイデアが一人ひとりの頭の中に浮かんできたことと思います。これらを共有する機会を設けることが大切です。

・団体のミッション達成のために、現状の活動に工夫を加えたり、新たに必要な活動を生み出したり。そのためのアイデアを出しあい、議論できる雰囲気や環境が団体の中にあることは、助成金を受けるためだけではなく、グループ・団体として成長し続ける上でも重要です。

・「できる」「できない」の判断は、最後に行えばいいので、アイデアを出しあう場では、メンバー同士がお互いの「ひらめき」や「勘」を尊重しながら、自由に、前向きに話し合うことが大切です。

Check 5 「アイデア」を実現に近づける

・出し合ったアイデアは、まずはすべて「できること」と位置づけます。そして実現のための課題を整理するところから始まります。「何が足りないのか」だけでなく「どうすれば補えるのか」、ひとつひとつのアイデアを最大限尊重しながら、積極的に考えることが求められます。

・例えば、以下のポイントを参考にしながら、団体内で検討を行なってみて下さい。

①「足りないこと」は何か。

また、それらを補うためにはどうすればよいか。

②これまでの経験やノウハウから、活かせるもの何か。

③「活かせる」と考えた経験やノウハウは、そのまま使えるものか。

あるいは、形式や方法をアレンジする必要があるか。

④実施する上で、事務局体制や組織体制について、変更する必要はあるか。

⑤団体として、あるいは地域の現状や社会の情勢から考えて、

取り組むべきタイミングはいつか。

⑥「人」や「資金」について、団体の自助努力でどの程度工面できるか。

- 活動をはじめて間もない頃は、「おもいつき」で何とか活動が成り立っていくかもしれません。しかし、関わるスタッフや参加者が増えてくると、必然的に、組織の課題に対応する機会も増えます。

- また、助成金の申請についても、初回以降、なかなか良い結果が得られず、自分たちの活動に自信をなくしてしまうこともあるかもしれません。

- こうした困難を、単に活動の「行き詰まり」とするのではなく、成長する過程での「試練」として受け入れつつ、打破するために団体の状況を冷静に分析することが重要です。

- 確かに、連続して助成を受けることは難しく、活動が本格的になりつつあるところで、再び資金難に陥ることもあるかもしれません。しかし、それを「自分たちの活動が認められない」と嘆くのではなく、申請書を今一度確認してみてください。すでに活動実績や経験を持つ団体として、「今すべき活動」であり、そしてその活動は「今すべき時期」として明確に書かれているか、さらには、活動の波及効果を示せているか。そのあたりにポイントがあるかもしれません。

- 助成団体は、助成した事業を実施することによって、その団体の活動が充実し、ミッションの達成に近づくための「たしかな歩み」になることを願っています。ですから、過去に助成した実績のある団体が、再度申請をしてきたならば、経験を踏まえた上で団体としての将来像を示しているか、さらには新たな取組みが具体的に提案できているかを求めています。

- 一方で、助成金だけを頼りにせず、資金面での支援者を広げていくことも必要です。助成事業の成果を踏まえた学習会やシンポジウムの開催は、活動の成果を広く伝える一方で、団体の活動を理解してもらうことを通して、多くの人に資金的に支えてもらうためにも重要な機会です。

- 助成を受けた次の年度は、「今年度の活動費をどう工面するか」に意識が向きがちな時期かもしれません。しかし、この時期だからこそ、団体の未来の姿を描きながら、「目標を実現するには何をするか」について具体的に考えることが大切です。

コロナ禍における活動の工夫

東京ボランティア・市民活動センター（以下、TVAC）では、昨年来のコロナ禍により、ボランティア・市民活動にどのような影響があったかを把握するため、ボランティア・市民活動団体に調査を行いました。ここでは、調査結果や TVAC に寄せられた活動団体からの相談をもとに、コロナ禍における活動団体の困りごとや課題のほか、活動を止めないための工夫や、活動団体を支援する助成団体の取組みの一部をご紹介します。

1 コロナでこんなことに困った！ ～活動団体から寄せられた悩みや課題～

東京ボランティア・市民活動センターには、さまざまな団体から活動に関する相談が寄せられます。ボランティアグループ・NPO の活動は、社会的な課題やニーズをもとにしており、それらの多くはコロナ禍であっても続いています。一方で、参加者やスタッフの安全上の問題から活動を休止せざるを得なくなった団体も多く、自分たちの活動の必要性や存在意義と安全確保・地域との関係性のはざまで多くの団体が苦悩し、揺れている、といった声が寄せられました。

【寄せられた悩み・相談】
- メンバーの多くが高齢者や疾病を抱えるなど感染リスクが高いため、活動の継続に不安を感じた。
- コロナに対する危機感や意識が人それぞれで、話し合っても考え方や意見が分かれた。
- これまで遠方から参加していたスタッフやボランティアが移動を控えたり、家族から反対されて参加できなくなったりして、活動を支える人が少なくなった。
- 活動再開時期の判断が難しく、どのような条件が揃えば安全に活動できるか悩ましかった。
- コロナ禍でさまざまなニーズが増えているのに場所や対面の機会の確保が難しく対応できず、もどかしさを感じた。
- 事業の会場に借りている場所の換気、WiFi 設備の有無などの確認が必要になった。
- 数年先の活動の方向性を見据えて助成金の活用を計画していたが、活動の見通しが立たないため、申請を予定していた助成金について決断ができなかった。
- 助成金の採択を受けたが、4月以降活動できず、計画通りにできなかったり、当初の計画では密集・密接を避けられないので、実施方法を見直さなくてはならなかったりした。
- 講師派遣や事業収益が主な財源であるため、活動自粛によって減収した。
- 会費収入や寄付金等が減少したため、事務所の家賃や通信費など、活動休止中の経費の支払いが困難になった。
- 必要に迫られてオンライン活動に切り替えたが、新たな機器の購入やオンラインサービスのアカウント利用料などの支払いが必要となり、負担が増えた。

2 各団体でみられた工夫！ ～コロナ禍でも活動を止めないために～

各団体への調査やヒアリングから、さまざまな工夫や新たな取組みが見られました。

【活動面での工夫】
- 居場所などの人が集まる活動では、利用者が安心して参加できるように、定期的な換気、消毒液の設置と利用の呼びかけのほか、距離を空けるスペースを確保できるよう、机やいすの配置に配慮するなど、感染対策を万全にした。
- 利用者に対しては、活動の際の人数制限や活動時間の短縮、必ずマスクを着用してもらう、体調が悪い場合は参加を控えていただく、などのお願いをした。

・スポーツを通じた交流など、事業のオンライン化が難しい活動が中心の団体では、事業を中止しないように、参加者同士が密にならず、できるだけ身体的な接触の少ない方法を検討したり、後で洗濯・消毒しやすい道具を使用したりするなどの工夫をした。

【運営面での工夫】
・コロナ禍での活動への意識など、意見が分かれた時こそ丁寧な意見交換を心掛けた。
・総会や理事会など、できるだけ顔を合わせて話し合いたい会議をオンラインで開催した。
・どうしてもオンラインでの参加が難しいメンバーに配慮し、オンラインと参加者を減らした集合型の混合で理事会や総会などを行った。

【新たな取り組み】
・感染リスクのため、家の外に出られない利用者に向けて、電話・メールを活用して、利用者への安否確認・状況確認をしたり、はがきや手紙でクイズを出したりした。
・会えなくなった会員や外部協力者への情報発信強化のため、団体の通信を発行した。
・弁当やお菓子のほか、マスクやさまざまな生活上の必需品を利用者に個別配布した。
・従来の対面だけでなく、オンライン上で居場所・交流の場を開催したり、オンラインでの相談やミーティングを行ったりした。また、気軽なつながりを保つために、雑談だけの会もつくった。
・通常は複数の参加者がリアルで集合して環境保全や交流を行う活動を、オンライン・SNS 等で参加者同士を繋ぎ、離れたところでも交流できるように工夫した。

　○　TVAC のホームページ「ボラ市民ウェブ」では、こうした工夫・取組みの例を掲載しています。以下の URL または「新型コロナ参考事例集」と検索してご覧ください。
　　⇒https://www.tvac.or.jp/special/covid-qa/

3　活動団体の困った！に対応　～助成団体の取組み～

地域の活動を止めないために、民間助成団体も以下のように取組みを工夫されていました。

【活動の変更】
・コロナの感染拡大によって活動できないことで助成金が活用されないことがないよう、イベント等の延期・中止、計画変更、予算の組み換え等に柔軟に対応した。
・多くの団体が困難な状態にあることから、助成金の総額を拡大し、募集件数を増加した。
・例年、活動団体と対面して行っていた説明会や面談を、動画配信やオンラインを活用して行い、団体とのコミュニーションが途切れないように努めた。
・助成を受けた団体同士の活動報告会・交流会をオンラインで開催した。

【新たな取組み】
・子ども食堂の代わりに経済的に困窮している家庭に弁当や食材を贈る活動、オンラインの導入に向けた機器の購入などを対象にした新たな助成プログラムを開発した。
・新型コロナウイルス対応の助成プログラムの開発にあたり、申請書類や募集期間、選考、送金の一連のスケジュールの簡略化・短縮化を行った。
・コロナ禍により見えてきた高齢者や児童、子育て家庭などを取り巻く新たな社会課題に対応できるよう、従来の助成対象となる活動や範囲を拡大した。

○民間助成団体の多くは、地域のさまざまな課題に対応する活動が止まらないよう団体に寄り添い、一緒に活動を育てるという視点に立って資金面で支えようと、強い想いで助成事業に取り組んでいます。長引くコロナ禍により、困難な状況は続きますが、自団体の活動に適した助成金を探し、お互いの想いをつなげ合いながら活動を継続していきましょう。

助成事業実施団体

【 注 意 事 項 】

○掲載内容には、既に今年度の申請受付が終了された事業も含まれています。

○助成（表彰・融資）事業は、年度や次の公募の際に変更される場合があります。新たに申請を行う場合は、必ず内容を確認してください。
また、申請書類の様式についても変更される場合があります。申請書類の様式は参考に掲載しているものですので、実際の申請には使用しないで下さい。

○掲載内容は2021年5月31日現在の情報です。今後、新型コロナウィルス感染拡大の影響等を受け、実施時期や内容に変更が生じる可能性があります。申請に当たっては、必ず団体の実際の　募集要綱を確認するようにしてください。

	あくと・びよんど・とらすと
一般社団法人	**アクト・ビヨンド・トラスト**

住　所	150-0044	東京都渋谷区円山町5-5　Navi渋谷V 3F

TEL	03-6665-0816	FAX	03-6869-2411

ホームページ　http://www.actbeyondtrust.org/
E－Mail　contact@actbeyondtrust.org

| 理念
事業の目的等	自然環境と人間生活の調和を目的とした市民の主体的行動を支援するため、問題解決に取り組む個人や団体に対するコンサルティング、資金援助、技術および人材提供、トレーニングなどを行なう。
事業名	・エネルギーシフト（企画助成） ・ネオニコチノイド系農薬問題（公募助成＋企画助成） ・東アジア環境交流（企画助成） ※ただし、企画助成は非公募
助成対象内容	エネルギーシフト（企画助成） 　1．政策提言：原子力発電の是非を含むエネルギー政策の議論喚起と代案提示 　2．エネルギー転換：再生可能エネルギーへの具体的転換促進 　3．放射線影響調査：人間と生態系に対する放射線影響を知るための測定や調査 　4．被ばく防護：保養・留学・移住などを含む適切な対策と、必要な医療的対応の実施 ネオニコチノイド系農薬問題（公募助成＋企画助成） 　世界的に使用量が急増する一方、強い神経毒性・浸透性・残効性によって標的昆虫以外の様々な生物やヒトにも悪影響が懸念される浸透性殺虫剤について、「調査・研究」「広報・社会訴求」「市場"緑化"」「政策提言」などを支援する。 東アジア環境交流（企画助成） 　国境を越えた環境課題と文化的共通性の多い東アジア（日中韓台など）の市民が、自然と共生する知恵や経験を持ち寄って持続可能な未来をともに築く活動を支援する。
助成対象団体	NPO/NGO、研究機関、一般市民団体、個人
助成金額 （総額）	2019年度　24,790,643円
助成金額 （1件あたり）	1件当たりの助成上限額 100万円程度（例外あり）
申請手続き	現在、公募助成は下記1部門 ・「ネオニコチノイド系農薬に関する企画」 （応募要項など申請に必要な一式は下記ページ【応募手続き】に参考掲載 http://www.actbeyondtrust.org/program/#program1
応募期間 及び応募締切	「ネオニコチノイド系農薬に関する企画」公募の応募期間は通常12月上旬から年明け1月末 　（詳細は当法人ウェブサイト等で告知）
助成決定時期	「ネオニコチノイド系農薬に関する企画」公募助成の採否決定は1次選考（書類審査）と2次選考（公開プレゼンテーション及び非公開審査）を経て3月上旬
備　考	
提出書類	①定款・規約 ● ②団体の予算書・決算書 ● ③役員名簿 ● ④団体資料（パンフレット） ● ⑤その他　ニュースレター、報告書など

社会福祉法人 朝日新聞厚生文化事業団

あさひしんぶんこうせいぶんかじぎょうだん

住　所	１０４－８０１１　東京都中央区築地５－３－２
ＴＥＬ	０３－５５４０－７４４６　　　ＦＡＸ　０３－５５６５－１６４３
ホームページ	www.asahi-welfare.or.jp
Ｅ－Ｍａｉｌ	shingaku@asahi-welfare.or.jp

理念 事業の目的等	「お互いに支え合い、だれもが安心して暮せる社会をつくる」をミッションとして、福祉を支える「地域づくり」「人づくり」「支援の輪づくり」を軸に、社会福祉事業に取り組んでいます。
事業名	児童養護施設・里親家庭等進学応援金（進学応援金） まなび応援金・資格取得金（まなび応援金）
助成対象内容	児童養護施設や里親家庭、自立援助ホームに在籍し、専門学校、短大大学に進学する学生に、入学金１０万円と卒業まで毎年３０万円の学費を助成します。２１年度は新たに１５人程度に届ける予定です。 　また、自立援助ホームで暮らす高校生に就学金（年間２４万円）を贈って進学を後押しする「まなび応援金」や、資格取得金（１５万円）を贈る制度を引き続き実施し、厳しい環境にある子どもたちを支えます。 　いずれも返済不要です。 　助成以外の生活支援も手厚くします。「応援生」同士がオンラインミーティングやＳＮＳなどを通じて交流する場を積極的に増やします。 　新たな活動として、応援生による社会活動を意識した取り組みを始めます。応援生自身が企画してコミュニケーションを深める活動を広げます。施設や里親家庭などで暮らす中高生向けに、外部講師のお話や応援生自身の体験などを踏まえ、福祉系、医療系、国際系、芸術系など、ジャンルごとにチームとなった応援生が、将来を語り合う「ぴあセミナー」にも取り組んでまいります。
助成対象団体	（進学応援金）申し込み時点で、児童養護施設や里親家庭、自立援助ホームに在籍し、専門学校、短大、大学に進学する学生 （まなび応援金）自立援助ホーム・子どもシェルターで暮らしている方と、暮らした経験のある２９歳まで（申し込み時点）の方
助成金額 （総額）	年によって増減あり
助成金額 （1件あたり）	（進学応援金）入学金１０万円と卒業まで毎年３０万円の学費を助成 （まなび応援金）就学金（年間２４万円）や資格取得金（１５万円） いずれも返済不要です。
申請手続き	本人申込書、資格計画書、推薦書、課題提出用紙などをそえて郵送で応募。ホームページをご覧ください。
応募期間 及び応募締切	（進学応援金）４月～８月１２日（必着） （まなび応援金）前期：春～９月、後期：秋～３月
助成決定時期	（進学応援金）１０月初旬 （まなび応援金）前期１０月、後期４月
備　考	
提出書類	①定款・規約 ●　②団体の予算書・決算書 ●　③役員名簿 ●　④団体資料（パンフレット） ● ⑤その他

公益信託	あじあ・こみゅにてぃ・とらすと（あじありゅうがくせいとうしえんききん） **アジア・コミュニティ・トラスト（アジア留学生等支援基金）**

住　所	113-8642	東京都文京区本駒込2-12-13　アジア文化会館1F　ACC21内

TEL	03-3945-2615	FAX	03-3945-2692

ホームページ	http://act-trust.org/
E-Mail	asip-act@acc21.org

理念 事業の目的等	アジア諸国における社会開発、学術研究、教育、文化、農業、青少年育成等の振興に資する事業に助成を与えることにより、我が国とこれらの諸国との相互理解の増進に寄与することを目的とする。
事業名	**公益信託アジア・コミュニティ・トラスト「アジア留学生等支援基金」助成事業**
助成対象内容	2012年1月に設定された「アジア留学生等支援基金」（以下、「本基金」とする）は、日本の大学に在籍するアジアからの留学生（正規の大学生・大学院生）が日本の民間非営利組織におけるインターンシップを通して、大学では得られない経験－日本社会の新しい動きや課題に取り組む現場での体験、地域社会の人々との直接的な交流等－をし、日本理解を深め、そして将来、留学生がインターンシップで習得した知見または技能を母国の社会で活用し、社会開発事業等の発展に資することを目的としています。本基金の目的に基づき、ACTは、アジアからの留学生（大学生・大学院生）をインターンとして受入れ、体験学習の機会を提供する日本の市民組織（NGO／NPO）その他民間非営利組織の事業を助成します。
助成対象団体	
助成金額 （総額）	
助成金額 （1件あたり）	
申請手続き	ウェブサイト（http://act-trust.org/）にて募集要項および助成申請書作成ガイドラインを公開しますので、募集要項に記載の期日までに必要な書類を事務局までご提出ください。
応募期間 及び応募締切	2021年度については、新型コロナウイルス感染拡大の影響で、応募期間、応募締切は未定です。
助成決定時期	
備　考	
提出書類	①定款・規約　●　②団体の予算書・決算書　●　③役員名簿　●　④団体資料（パンフレット）　● ⑤その他

公益財団法人	いとうちゅうきねんざいだん **伊藤忠記念財団**

住　所	１０７－００６１　東京都港区北青山２－５－１
ＴＥＬ	０３－３４９７－２６５１　　　　ＦＡＸ　０３－３４７０－３５１７
ホームページ	https://www.itc-zaidan.or.jp/
Ｅ－Ｍａｉｌ	bs-book@itc-zaidan.or.jp

理念 事業の目的等	青少年の健全育成、子どもたちに読書の喜びを伝える
事業名	**子ども文庫助成事業**
助成対象内容	①子どもの本購入費助成（助成金３０万円） 対象：子ども文庫、読み聞かせ団体、子ども文庫連絡会、子ども食堂（文庫併設）、ボランティア学習支援、外国にルーツのある子どもを対象とした活動等。 内容：【Ａプログラム】児童書、絵本などの書籍、及び紙芝居、人形劇、パネルシアターなどの購入に１５万円以上、その他、講習会開催、書籍管理用品や備品の購入等に１５万円までご利用が可能。 【Ｂプログラム】当財団が指定する「指定研修会」への参加に３０万円全額をご利用可能。 ②病院・施設子ども読書活動費助成（助成金３０万円） 対象：病院内で療養中の子どもたち、障害児施設、養護施設、その他読書にハンディキャップのある子どもたちに対し読書啓発活動を行う、３年以上の活動歴がある読書ボランティア団体や公立を含む施設及び非営利団体等。（対象施設：小児病棟を持つ病院、児童養護施設、特別支援学校、乳児院、母子生活支援施設、盲ろうあ児施設、児童自立支援施設等） 内容：①子どもの本購入費助成「Ａプログラム」に準じる。加えて、読書支援機器購入及び対象となる子どもたちのための図書作成費用にもご利用可能。 ③子どもの本１００冊助成（当財団が選んだ児童図書セット） 対象：子ども文庫、読み聞かせ団体、子ども文庫連絡会、非営利団体等で、既に読書啓発活動を行っている団体。 内容：当財団が選書をした小学校「低学年」「中学年」「高学年」、乳幼児の４セットの中から、ご希望の１００冊を贈呈。
助成対象団体	子どもたちに本を届けることを目的に読書啓発活動を行う民間のグループまたは個人、及び非営利団体、施設が対象。株式会社等、収益事業を本業とする法人は対象外です。
助成金額 （総額）	予算額３，０００万円
助成金額 （1件あたり）	①子どもの本購入費助成、②病院・施設子ども読書活動費助成…（一律３０万円） ③子どもの本１００冊助成…（１５万円相当）
申請手続き	所定の応募用紙に必要事項を記入し、公益財団法人伊藤忠記念財団へ送付。募集要項 （応募用紙含）は、当財団ＨＰよりダウンロードが可能となっております。 (https://www.itc-zaidan.or.jp/summary/library/grant.html)
応募期間 及び応募締切	２０２１年６月２０日（日）　応募受付締切　当日消印有効
助成決定時期	２０２１年１２月（予定）、選考委員会、理事会を経て決定
備　考	募集要項は当財団ＨＰにてダウンロード可能となっております。
提出書類	①定款・規約 ● 　②団体の予算書・決算書 ● 　③役員名簿 ● 　④団体資料（パンフレット） ● ⑤その他　法人格をお持ちの場合、事業報告書を要提出

公益信託	いまいきねんかいがいきょうりょくききん **今井記念海外協力基金**

住　所	113-8642　東京都文京区本駒込2-12-13　アジア文化会館1F　ACC21内
TEL	03-3945-2615　　　　FAX 03-3945-2692
ホームページ	http://www.imai-kikin.com/
E-Mail	imai-kikin@acc21.org

理念 事業の目的等	本公益信託は、開発途上国における教育、医療等の分野における協力及び災害等による被災者の救済並びにこれらに資する活動を行い、もって開発途上国の経済社会の発展に寄与することを目的とする。
事業名	**公益信託今井記念海外協力基金　国際協力ＮＧＯ助成対象事業**
助成対象内容	助成対象とする事業は、次の分野のものとする。（2021年度の募集要項より） ・教育・人材育成（例：学習援助、教師・指導者育成・研修、奨学金援助、教材・教育設備・器材の購入、研修生受入れ、専門家派遣、他） ・保健衛生（例：基礎保険知識の普及、指導者育成・研修、保健衛生設備設置・器材の購入、託児所設置、専門家派遣、他） ・医療（例：医療・診療、医療知識・技術指導、医療設備・器材の購入、専門家養成、専門家派遣、他） ※次の事業を優先して支援する。 ・経済的に困窮する家庭の子どもやその他困難な状況にある子ども（難民・避難民、少数民族、ストリート・チルドレン、子ども兵、児童労働・売春を強いられた子ども、HIV／AIDS障がい児などを含む）を支援する事業 ・支援対象地域の住民の参加が促進され、助成終了後に事業が持続的に発展するような計画となっている事業。 ・事業の性格が資金援助であっても、助成対象団体が主体性と責任を持って取り組む事業（資金援助のみの活動は対象外とする）。
助成対象団体	助成対象団体は、アジアを中心とした開発途上国において援助・協力活動を行う非営利の民間団体で、次の要件を満たすものとする。（2021年度の募集要項より） ・開発途上国における援助事業を主たる事業目的としていること ・日本国内に事務所を置き、責任の所在が明確であること ・前年度の総収入額が原則5,000万円以下の団体であること ・活動実績が2年以上あること ・助成対象事業を推進するうえで、十分な管理能力を有すると認められること ・過去に今井基金から3年間の連続助成を受けていないこと。 　（ただし、3年間の連続助成の最終年度から、3年以上経過している場合（連続助成最終年度が2017年度以前である場合）には、再度応募できるものとする。） ・現在までに今井基金から助成を受けた回数が通算5回以内であること（今井基金からの助成回数は、通算6回を限度とする）
助成金額 （総額）	2021年度の助成予定総額は650万円程度
助成金額 （1件あたり）	1件当たり50～100万円程度
申請手続き	例年11月頃にウェブサイト（http://www.imai-kikin.com/）にて募集要項および申請書フォーマットを公開しますので、募集要項記載の期日までに必要な書類を事務局までご提出ください。また、募集要項および申請書フォーマットをメールにてお送りすることも可能ですので、その際はメールアドレスを事務局までお知らせください。
応募期間 及び応募締切	例年、11月頃の募集要項の公開と同時に応募の受付を開始し、翌1月中旬ごろに応募を締め切ります。
助成決定時期	例年、4月中旬までには助成の可否を連絡しております。
備　考	2022年度の募集要項については内容が決まっておりませんので、助成対象事業・団体、助成金額、申請手続き、応募期間などについて変更の可能性がございます。
提出書類	①定款・規約 ● ②団体の予算書・決算書 ● ③役員名簿 ● ④団体資料（パンフレット） ● ⑤その他　申請書類

「エクセレントNPO」をめざそう市民会議

住 所	113-0013 東京都中央区日本橋人形町3-7-6 LAUNCH 日本橋人形町ビル5階 言論NPO内
TEL	03-3527-3972　　　　FAX 03-6810-8729
ホームページ	http://www.excellent-npo.net/
E-Mail	enpo@genron-npo.net

理念 事業の目的等	「エクセレントNPO」は、NPO、NGOなど社会貢献を目的に活動する民間非営利組織を、独自に開発した基準に基づき評価し、信頼性と質の向上をめざし、市民とのつながりをつくり良循環を築くことを目的としています 日本の内外で様々な社会題が浮上していますが、政府や企業など単独セクターでは解決できないものばかりです。私たちは、「エクセレントNPO」を「自らの使命のもとに、社会の課題に挑み、広く市民の参加を得て、課題の解決に向けて成果を出している。そのために必要な、責任ある活動母体として一定の組織的安定性と刷新性を維持している非営利組織」と位置付け、2012年より毎日新聞社との共催で非営利組織を対象とした「エクセレントNPO大賞」を創設しました。 この大賞は、エクセレントNPO基準をもとに自己評価を行い、それを応募書類として送っていただくというユニークな方式をとっています。こうした方式をとったのは、NPOの自己評価力を高め、自らの質の向上に向けて頑張っているNPOを社会に対して「見える化」を進めたいと考えたからです。なお、エクセレントNPO基準とは、非営利組織の現状と課題を分析した上で、望ましいNPOのあり方を定義し、「市民性」「課題解決力」「組織力」の観点から作成された基準です。審査もこの基準に基づいて行われ、全ての応募者に丁寧なフィードバックコメントが送られます。 「エクセレントNPO大賞」は、非営利セクター間で課題解決と質の向上に向けた競争が始まり、こうした非営利組織の取り組みが広く可視化されることで、非営利組織を支援する人々の動きが加速されること、その結果、市民と非営利セクターの間に良循環が生まれることを目指しています。それは、私たちの社会(あるいは市民社会)を足元から強くしていくことにつながると考えています。
事業名	**エクセレントNPO大賞**
助成対象内容	助成対象内容 以下の各賞をご用意しています。 （1）エクセレントNPO大賞 次の3つの部門賞の受賞団体の中から最も優れた団体に、「エクセレントNPO大賞」が授与されます。 （2）部門賞 ①市民賞 非営利組織の活動が広く市民に開かれ、参加の機会が幅広く提供されており、市民が活動に参加することによって、一人一人が市民として成長できる場が十分に提供されている団体を選出します。非営利組織と市民がどれだけつながりを持ち、市民参加の受け皿になっているのかが評価の視点となります。 ②課題解決力賞 自らの使命のもとで、社会的な課題解決に向けて成果を出している団体を選出します。課題を具体的に把握しているかどうか(=課題認識)やそれを解決する方法やシナリオがあるか(=課題解決の方法)、あるいは自発的に課題に取り組み、また、成果をどう実現しているのか(=自立性)などが評価の視点となります。 ③組織力賞 責任ある活動主体としてガバナンスが機能し、経営の持続性、安定性と刷新性をうまく共存させている団体を選出します。不安定な財政状態をいかに克服しているのか、資金調達や活動における規律や倫理性が不足していないか、活動や組織を持続可能なものにするための工夫がなされ、効果をあげているか等が評価の視点となります。 （3）コロナ対応チャレンジ賞 今般のコロナ禍の状況に鑑み、従来の各賞に加え、「コロナ対応チャレンジ賞」を特別に設けました。 従来の各賞と同様に、エクセレントNPO基準を元に自己評価をしたうえで、ご応募いただきます。コロナ禍での取り組みに焦点が当たるように、課題解決力を評価の軸として基準数を大幅に絞り込んでおり、応募しやすくなっているのが特徴です。
助成対象団体	国内外における社会貢献を目的とした市民による日本国内のNPOなど種々の民間非営利組織（法人格の有無不問）
助成金額 （総額）	150万円
助成金額 （1件あたり）	エクセレントNPO大賞：50万円 市民賞：30万円 課題解決力賞：30万円 組織力賞：30万円

	コロナ対応チャレンジ賞：１０万円
申請手続き	「『エクセレントＮＰＯ』をめざそう市民会議」のホームページに掲載の応募要項に基づき、応募してください。
応募期間及び応募締切	２０２１年１０月〜１２月(予定)
助成決定時期	表彰式：２０２２年３月(予定)
備考	・エクセレントＮＰＯ評価基準について この評価基準は、「『エクセレントＮＰＯ』をめざそう市民会議」が5年を費やして開発したもので、ピーター・ドラッカーの非営利組織論を基に、評価論の知識・技術を駆使して構築されました。それは「市民性」、「課題解決力」、「組織力」の３カテゴリー、３４基準から構成されています。 ・審査委員について 審査委員は下記の通りです。 島田京子(元横浜市芸術文化振興財団専務理事) 小倉和夫(国際交流基金顧問) 近藤誠一（近藤文化・外交研究所代表、元文化庁長官）新田英理子（ＳＤＧｓ市民社会ネットワーク理事・事務局長） 渋谷篤男(審査委員中央共同募金会常務理事) 砂田薫(ギャップイヤー・ジャパン代表、ももや代表) 堀江良彰(難民を助ける会専務理事・事務局長) 福島良典(毎日新聞社論説委員長) ・賞について 受賞団体には、賞状、賞金が贈呈されるほか、毎日新聞等で受賞についての記事が掲載される予定です。
提出書類	①定款・規約 ◉ ②団体の予算書・決算書 ◉ ③役員名簿 ◉ ④団体資料（パンフレット）◉ ⑤その他

えぬえいちけいこうせいぶんかじぎょうだん	
社会福祉法人	NHK厚生文化事業団

住　所	150-0041　東京都渋谷区神南1-4-1　第七共同ビル

TEL	03-3476-5955	FAX	03-3476-5956

ホームページ	https://www.npwo.or.jp
E-Mail	info@npwo.or.jp

理念 事業の目的等	地域に根ざした福祉活動を推進しているグループに支援金または、リサイクルパソコンを贈ることによってグループ活動を支えるとともに、NHKの放送などによってその活動を広く紹介し、地域福祉の向上を目指す。

事業名	**NHK厚生文化事業団　地域福祉を支援する「わかば基金」**

助成対象内容	（1）支援金部門（全国） 　　国内の、ある一定の地域に福祉活動の拠点を設け、この支援金でより活動の幅を広げていこうというグループを対象 　　（例） 　　　＊地域で暮らす高齢者や障害のある人、生活困窮者などの日常生活を支援したり、さまざまなサービスを提供している。（在宅か施設かは問いません） 　　　＊障害のある人の社会参加や就労の場づくりを促進したり、その活動の支援にあたっている。 　　　＊文化・芸術活動を通じて、障害や年齢をこえた交流や相互理解を図っている。 　　　＊福祉情報の提供やネットワークづくりを通して、地域の福祉活動の向上につとめている。 　　※ただし、次のようなグループは対象になりません。 　　　＊行政や他財団等からの助成を「わかば基金」の申請と同じ内容で申請、もしくは助成を受けている。 　　　＊法人格をもっている（ただし、NPO法人は申請可）。 　　　＊人件費、謝礼、家賃、交通費などのランニングコストや、グループ運営のための事務経費。 　　　＊設立資金。 （2）リサイクルパソコン部門（全国） 　　※いかなる場合においても、パソコンを希望するグループはリサイクルパソコン贈呈部門に申請してください。 　　パソコンを利用して、すでに地域で活発な福祉活動に取り組み、台数を増やすことで、より高齢者や障害のある人に役立つ活動の充実を図れるグループが対象 　　（例） 　　　＊地域で暮らす高齢者や障害のある人、生活困窮者などへパソコン指導のサービスを提供している。（在宅か施設かは問いません） 　　　＊障害のある人の社会参加や就労の場づくりを促進したり、その活動の支援にあたっている。 　　　＊要約筆記や字幕、音声ガイド等での情報保障。 　　　＊福祉情報の提供やネットワークづくりを通して、地域の福祉活動の向上につとめている 　　※ただし、次のような場合は対象になりません。 　　　＊法人格をもっている（ただし、NPO法人は申請可）。 　　　＊使用目的が、グループの事務処理の場合。 　　※パソコンの機種は、選べません。 　　※搭載予定ソフトは、OSはWindows 10 Home Premium、アプリケーションはOffice2016 Personal（ワード・エクセル）を新たにインストール。 　　※パソコンはリサイクルしたもの（クリーニング・メンテナンスしたもの）をお届けします。 　　※設置はグループで行ってください。 （3）災害復興支援部門 ○東日本大震災以降に激甚災害指定を受けた災害の被災地域に活動拠点があり、その地域の復旧・復興をすすめているグループ。 ○被災地に必要な新たな福祉事業を展開したい、と考えているグループ。 （例） 　　　＊被災地域で暮らす高齢者や障害者、生活困窮者などの日常生活を支援したり、さまざまなサービスを提供している。（在宅か施設かは問いません） 　　　＊新たな事業を展開するために必要な物品をそろえたい。 　　　＊福祉情報の提供やネットワークづくりを通して、地域の生活再建・福祉向上につとめている。 　　※ただし、次のような場合は対象になりません。 　　　＊法人格をもっている（ただし、NPO法人は申請可）。 　　　＊グループ設立資金。 　　　＊人件費、謝礼、家賃、交通費などのランニングコストやグループ運営のための事務経費。

助成対象団体	NPO法人、もしくは法人格のない団体

助成金額 （総額）	（1）およそ１０グループを予定 （2）ノートパソコン３５台を支援予定 （3）およそ５グループを予定
助成金額 （1件あたり）	（1）上限１００万円 （2）１グループにつき３台まで （3）上限１００万円
申請手続き	ＮＨＫ厚生文化事業団へ ※規定の申請用紙を事業団へＴＥＬにて取り寄せて下さい。もしくは事業団ホームページからダウンロード。
応募期間 及び応募締切	２０２１年２月１日～３月３０日　（２０２１年度）
助成決定時期	６月末に申請したグループに郵便で通知　（２０２１年度）
備　考	
提出書類	①定款・規約　●　②団体の予算書・決算書　●　③役員名簿　●　④団体資料（パンフレット）　● ⑤その他　支援金部門、災害復興支援部門は、見積書か申請したい事業の予算書を添付のこと

おおさかこみゅにてぃざいだん

公益財団法人 大阪コミュニティ財団

住　所	540-0029	大阪市中央区本町橋2-8　大阪商工会議所ビル5階	
TEL	06-6944-6260	FAX	06-6944-6261
ホームページ	http://www.osaka-community.or.jp/		
E-Mail	info@osaka-community.or.jp		

理念 事業の目的等	理念：本財団は、地域社会のより良い生活、文化向上をめざして、企業や個人の皆様の「お志」のこもったご寄付を、名前を付けた基金のかたちでお受けし、その「お志」を最大限に尊重しつつ、地域社会の多様なニーズに対応した社会貢献を行う財団です。 目的：本財団は、一般市民や企業等の社会貢献への志を尊重し、最大限に生かすため、公益に資する事業を行うものへの助成または顕彰、学生等への奨学金の支給等を行い、地域社会の公益の増進に寄与することを目的とする。
事業名	**2022年度助成**
助成対象内容	医学医療研究の推進、青少年の健全育成、社会教育・学校教育の充実、芸術文化の発展・向上、多文化共生、開発途上国への支援、環境の保護・保全、地域社会の活性化、動物の保護・訓練、支援活動、健康増進・健全育成の支援、災害復興活動支援、社会福祉の増進、奨学金の支給。 上記の事業活動を実施している非営利活動団体への助成。
助成対象団体	1年以上の活動実績を有する非営利団体（法人格の有無は問いません）で毎年4月1日から翌年3月31日までの1年間に実施を予定している公益に資する事業に助成をします。営利を目的とするものや宗教上の活動を目的とするもの、個人、日本に拠点の無い団体等は助成対象となりません。
助成金額 （総額）	「助成総額」は、毎年、変わります。
助成金額 （1件あたり）	助成割合に限度は設けていませんが、自己資金をできるだけ準備してください。 ただし、各分野ごとに毎年、助成限度額を設定します。
申請手続き	毎年9月下旬に「助成申請者のためのガイド」を作成するとともに、当財団ホームページに記載する。申請用紙はホームページからダウンロード可。申請書類は郵送で受付。 （原本とそれをコピーした3部の計4部を郵送）
応募期間 及び応募締切	毎年10月1日より11月下旬まで翌年4月1日から翌々年3月31日まで実施する事業の申請を受付。（申請書類は返却しません。）
助成決定時期	3月上旬に開催する当財団理事会で採択、非採択を決定後、速やかに文書で通知します。
備　考	
提出書類	①定款・規約 ● 　②団体の予算書・決算書 　③役員名簿 　④団体資料（パンフレット）● ⑤その他　直近年度の事業報告書、助成金を充当したい経緯費の見積書または価格表、人件費を計上する場合は算出根拠

おおつかしょうかい

株式会社 大塚商会

住　所	102-8573	千代田区飯田橋2-18-4

TEL	非公開	FAX	非公開

ホームページ	https://www.otsuka-shokai.co.jp/corporate/csr/society/
E-Mail	heartful@otsuka-shokai.co.jp

理念 事業の目的等	「大塚商会ハートフル基金」は、2003年に誕生した社員と会社のマッチングギフト制度です。大塚商会は、ミッションステートメントに定める目標の一つ「自然や社会とやさしく共存共栄する先進的な企業グループとなる」ことを目指しており、社会的課題に取り組んでいる団体を支援します。
事業名	**大塚商会ハートフル基金　公募助成制度**
助成対象内容	募集の都度、助成の対象となる活動を指定します。
助成対象団体	4名以上のメンバーが活動する非営利団体であり、活動年数が3年以上あること。法人格の有無は問いません。一般社団法人については非営利型のみ対象となります。 かつ、以下のいずれかの都道府県に所在する団体。 北海道・宮城県・茨城県・栃木県・群馬県・埼玉県・千葉県・東京都・神奈川県・静岡県・愛知県・三重県・滋賀県・京都府・大阪府・兵庫県・広島県・福岡県
助成金額 （総額）	300万円（基金の残高によって変動します）
助成金額 （1件あたり）	30万円
申請手続き	ホームページから申請書をダウンロードし、必要事項を記入したうえで必要書類と共に事務局宛に郵送。
応募期間 及び応募締切	毎年変動しますので、ホームページに掲載するお知らせをご覧ください。
助成決定時期	毎年変動しますので、ホームページに掲載するお知らせをご覧ください。
備　考	
提出書類	①定款・規約 ● 　②団体の予算書・決算書 ● 　③役員名簿 ● 　④団体資料（パンフレット） ● ⑤その他

独立行政法人	かんきょうさいせいほぜんきこう **環境再生保全機構**

住　所	２１２−８５５４　神奈川県川崎市幸区大宮町１３１０　ミューザ川崎セントラルタワー８階
ＴＥＬ	０４４−５２０−９５０５　　　　ＦＡＸ ０４４−５２０−２１９２
ホームページ	http://www.erca.go.jp
Ｅ−Ｍａｉｌ	c-kikin@erca.go.jp

理念 事業の目的等	民間団体（ＮＰＯ・ＮＧＯなど）による環境保全活動への資金の助成その他の支援を行い、環境保全活動に向けた国民的運動の展開を図ることを目的として、平成５年５月に創設。 　基金の原資は、国及び民間の拠出（寄附）をもって構成されており、運用益と国からの運営費交付金により、ＮＧＯ・ＮＰＯが行う環境保全活動への資金助成等の支援業務を実施。
事業名	**１．地球環境基金助成金** **２．地球環境基金企業協働プロジェクト（ＬＯＶＥ　ＢＬＵＥ助成）**
助成対象内容	１．地球環境基金助成金 　　イ　国内の民間団体による開発途上地域における環境保全のための活動 　　ロ　海外の民間団体による開発途上地域における環境保全のための活動 　　ハ　国内の民間団体による国内における環境保全のための活動 ２．地球環境基金企業協働プロジェクト（ＬＯＶＥ　ＢＬＵＥ助成） 　　国内の民間団体による国内における清掃活動など水辺の環境保全活動
助成対象団体	＜共通＞ ①一般社団法人及び一般財団法人に関する法律に基づき設立された法人又はこれに準ずる非営利法人（②に該当するものを除く） ②特定非営利活動促進法第１０条の規定に基づき設立された特定非営利活動法人 ③法人格を有さず、営利を目的としない団体で一定の条件を満たすもの
助成金額 （総額）	１．地球環境基金助成金 　　２０２１年度：「５億８５００万円」（内定ベース） 　　（金額は下記ＬＯＶＥ　ＢＬＵＥ助成分を含んだ総額） ２．地球環境基金企業協働プロジェクト（ＬＯＶＥ　ＢＬＵＥ助成） 　　２０２１年度：「１，３５０万円」（内定ベース）
助成金額 （1件あたり）	１．地球環境基金助成金 　　２０２１年度：約３２３万円（内定ベース）（金額は下記ＬＯＶＥ　ＢＬＵＥ助成分を含んだ１件あたり） ２．地球環境基金企業協働プロジェクト（ＬＯＶＥ　ＢＬＵＥ助成） 　　２０２１年度：約１２３万円（内定ベース）
申請手続き	＜共通＞ ①募集案内の取り寄せ、機構ホームページより様式をダウンロード ②助成金交付要望書に要望内容など必要事項などを記入し、団体の定款・寄附行為など必要書類を添えて、インターネットより提出
応募期間 及び応募締切	２０２０年１１月５日（木）〜２０２０年１２月２日（水）１３：００
助成決定時期	＜共通＞ ２０２１年度：２０２１年３月２５日（木）（内定）
備　考	
提出書類	①定款・規約 ● 　②団体の予算書・決算書 ● 　③役員名簿 ● 　④団体資料（パンフレット） ● ⑤その他　　１．地球環境基金助成金 　　　　　　　　活動実績、活動概要を示す資料、海外団体の場合は事務委任書 　　　　　　２．地球環境基金企業協働プロジェクト（ＬＯＶＥ　ＢＬＵＥ助成） 　　　　　　　　活動実績、活動概要を示す資料

きゅーぴーみらいたまございだん	
公益財団法人	**キユーピーみらいたまご財団**

住　所	１５０－０００２ 東京都渋谷区渋谷１－４－１３

TEL	０３－３４８６－３０９４	FAX	０３－３４８６－６２０４

ホームページ	https://www.kmtzaidan.or.jp
E－Mail	kmtsupport@kmtzaidan.or.jp

理念 事業の目的等	キユーピーグループは「食を通じて社会に貢献する」という創始者 中島董一郎の精神を受け継ぐとともに、めざす姿である「おいしさ・やさしさ・ユニークさをもって、世界の食と健康に貢献するグループ」を実現するために、事業活動だけではなく、食育の推進などの社会貢献活動を積極的に進めています。 　しかしながら、近年、ライフスタイルや食生活の多様化が急速に進む一方で、若い世代を中心とした食に関する知識・興味の低下や、食を通したコミュニケーションの希薄化、子どもの貧困など「食を取り巻く社会課題」はますます大きくなっています。 　そのような中、キユーピーグループは従来進めてきた独自の取り組みを進展させるだけではなく、想いを共有しうる団体の活動を広範に支援することで一企業だけでは成し得ない社会貢献に繋げていきたいという想いからキユーピーみらいたまご財団を設立することといたしました。 　本財団はこの趣旨に沿うべく、食育活動および子どもの貧困対策などに取り組む団体を幅広く公募し、寄付を中心とした支援活動を実践することで、長期的な視野をもって健やかで持続的な社会の実現をめざしてまいります。
事業名	**①助成プログラムＡ「食育活動への助成」** 　　　　　　　　　　　**「特定課題３年継続助成」** **②助成プログラムＢ「食を通した居場所づくり支援」** 　　　　　　　　　　　**「スタートアップ」「新型コロナ禍対応」**
助成対象内容	①　食には体を作る、体の調子を整えるなどの栄養機能だけでなく、興味・関心や意欲の向上など「健全な心」を育む重要な役割があります。 　ライフスタイルが多様化する今日、栄養バランスの崩れからくる生活習慣の増加、調理スキルの低下、若い世代の食への興味・関心の低下など、食を取り巻く社会課題は大きくなっています。２０１６年３月に新たに策定された「第三次食育推進基本計画」においても、食育のテーマや取り組むべき主体が拡大しています。当団体はそれらの課題解決に取り組む団体へ積極的な助成を行います。 ＜対象＞ 食育活動を行う公益的な団体を対象とし、講座、イベント、研究等に必要な資金の一部を助成します。（産後ケア事業も対象とします） ＜対象所在地＞ 日本国内 ＜助成金使用対象期間＞ ２０２１年４月１日～２０２２年３月３１日 ②　当団体では、子どもの貧困を「経済面」だけでなく、「体験・交流」の乏しさから生まれる社会課題と捉え、この解決をめざした居場所づくりが必要と考えています。 　また、全国各地で急速に拡大する「子ども食堂」などの子どもの居場所支援活動は、活動主体や取り組み内容に様々な形と特徴があります（食育／親子・共食体験／多世代交流／学習支援／子どもの貧困／ネットワーク形成支援・啓発活動）。 　子どもの心と身体の成長、自立支援に向けて食の提供や料理・共食などの食の体験に積極的に取り組む「子ども食堂」などの団体の立ち上げ支援や設備購入、活動定着に向けたネットワーク形成へ助成を行います。 ＜対象＞ 地域における共食や食周りの様々な体験を通した子どもの心と身体の成長そして自立の支援を行うため、子ども食堂などの食を通した居場所づくりを行う公益的な団体の開設費用や備品購入等を支援します（事務局運営については「一般社団法人全国食支援活動協力会」との協働で行います）。 ＜対象所在地＞ 日本国内 ＜助成金使用対象期間＞ ２０２１年４月１日～２０２２年３月３１日 ＜助成対象事案例＞ 拠点の改修費、冷蔵庫他厨房機器、会食会の椅子やテーブル、什器、テレビ、パソコンやプリンター、研修費用（講師謝金・参加費・交通費）、子ども食堂などに深い関りのある中間支援団体（子ども食堂ネットワーク・サポートセンター・フードバンク等）、他

助成対象団体	・食育活動を行っている団体、行おうとしている団体 ・法人格は問いません
助成金額 （総額）	２０１７年度　　６００万円 ２０１８年度　　１，２４７万円（①５３２万円　②７１５万円） ２０１９年度　　２，６５１万円（①１，０９４万円　②１，５５７万円） ２０２０年度　　３，１５３万円（①１，２１９万円　②１，５６２万円） ２０２１年度　　３，８９７万円（①１，２７０万円　②２，６２７万円）
助成金額 （1件あたり）	２０２１年度　①１００万円（３年継続助成は３年間で１５０万円）　②７０万円（スタートアップ新型コロナ禍対応は一律２０万円）
申請手続き	財団ＨＰから申請書をダウンロードし、ご記入のうえ、郵送・メールにてお送りください。
応募期間 及び応募締切	２０２２年度助成事業 ２０２１年１１月上旬〜２０２１年１２月上旬を予定
助成決定時期	２０２２年　２月上旬頃
備　考	２０１９年４月より一般財団法人から公益財団法人に移行しました。
提出書類	①定款・規約　●　②団体の予算書・決算書　●　③役員名簿　●　④団体資料（パンフレット）　● ⑤その他

きりんふくしざいだん

公益財団法人 キリン福祉財団

| 住　所 | 164-0001 | 東京都中野区中野4丁目10番2号　中野セントラルパークサウス |

| TEL | 03-6837-7013 | FAX | 03-5343-1093 |

ホームページ　https://foundation.kirinholdings.com/

E-Mail

理念 事業の目的等	障害児・者福祉、高齢者福祉、児童・青少年福祉、地域社会福祉向上等に関する諸活動に対しての助成等を通じ、我が国の社会福祉の発展に寄与することを目的としています。
事業名	1．計画助成事業　①障害児・者福祉分野 　　　　　　　　②高齢者福祉分野 　　　　　　　　③児童・青少年福祉分野 　　　　　　　　④地域社会 2．公募助成事業（2事業）
助成対象内容	1．計画助成事業 ①障害児・者…障害者の自立支援事業、就労支援事業など ②高齢者…家族介護者支援事業など ③児童青少年健全育成…児童福祉の社会的課題に対する取り組みなど ④地域社会…地域活動支援事業など 2．公募助成事業 地域やコミュニティを元気にするさまざまなボランティア活動や、長期的な視点で全国や広域の社会的な課題の解決に取り組む活動へ、2つのテーマで公募による応援事業を行っています。 ①キリン・地域のちから応援事業 ②キリン・福祉のちから開拓事業 【助成期間】単年度助成
助成対象団体	いずれもNPO等の法人格の有無、および活動年数は問いません。 いずれも助成開始時に連絡責任者は満20歳以上であること。 ①4名以上のメンバーが活動する団体・グループ。 ②10名以上のメンバーが活動する団体・グループ。
助成金額 （総額）	総予算8,500万円（2021年度） 計画助成事業：2,620万円 公募助成事業：4,877万円 ①キリン・地域のちから応援事業：4,268万円 ②キリン・福祉のちから開拓事業：609万円
助成金額 （1件あたり）	公募助成事業（2021年度） ①キリン・地域のちから応援事業：上限30万円 ②キリン・福祉のちから開拓事業：上限100万円
申請手続き	ホームページでダウンロードして下さい。
応募期間 及び応募締切	2021年度 ①2020年9月7日〜10月31日 ②2020年9月7日〜10月31日 2022年度（未定）
助成決定時期	2021年度 ①2021年3月 ②2021年3月 2022年度（未定）
備　考	
提出書類	①定款・規約　●　②団体の予算書・決算書　●　③役員名簿　●　④団体資料（パンフレット）　● ⑤その他　定期刊行物、その他参考資料 ※団体パンフレットはあった場合のみ

公益財団法人	くかくせいりそくしんきこう　まちなかさいせいぜんこくしえんせんたー
	区画整理促進機構 街なか再生全国支援センター

住　所	102-0084　東京都千代田区二番町12番地12　B.D.A二番町ビル2階
TEL	03-3230-8477　　FAX 03-3230-4514
ホームページ	https://www.sokusin.or.jp/machinaka/index.html
E-Mail	mail@sokusin.or.jp

理念 事業の目的等	（公財）区画整理促進機構　街なか再生全国支援センターが、街なかにおける市街地整備や街なかの再生に資する取り組みを行う民間団体を資金面で助成し、その事業等の活動を支援することで、賑わいのあるまちづくりを促進することを目的としています。
事業名	**街なか再生助成金**
助成対象内容	助成の対象事業は、以下のような取り組みで、特に土地区画整理事業に関連した取組を優先して募集します。 ①土地区画整理事業等の面的整備事業の立ち上げに向けた取り組み 　〈取り組み例〉 　・民間が主体となったまちづくり構想・計画の策定 　・合意形成に向けた権利者・住民等の取り組み　など ②土地区画整理事業等の面的整備事業地区（事業中、事業完了地区）における良好な環境づくりや賑わいづくりに向けた取り組み 　〈取り組み例〉 　・権利者・住民等が主体となったまちづくりのルール（景観づくりのための地区計画案等）の作成 　・エリアマネージメントなど民間主体のまちづくりを推進するための組織の立ち上げや組織の活動　など ③地区内の既存ストックを活かした街なか再生への取り組み 　〈取り組み例〉 　・空店舗・空き家、空き地、歴史的建造物等を活かした交流空間の創出　など ※次のような事業は助成の対象とはなりませんのでご注意ください。 ・活動内容が過去に助成を受けたものと同一であるもの ・希望額の助成金が助成されないと事業実施が困難なもの ・イベント等一過性の事業 ・政治、宗教、思想などの目的に偏するもの ・団体又は個人の営利を目的とするもの ・特定の事業の反対運動を目的としたもの ・特定の個人または法人が所有している土地建物等の資産の増加を目的としたもの
助成対象団体	助成対象とする民間団体は、以下のような民間団体です（第三セクターも含まれます）。 ①土地区画整理事業等（民間宅地造成事業を除く。以下同じ。）の計画地区又は土地区画整理事業等を活用したまちづくりを検討している地区内の地権者・住民等で構成される準備組合・協議会・任意団体 ②特定非営利活動促進法によって認証された特定非営利活動法人（NPO）で地区内の地権者や住民等が主体となっているもの ③中心市街地の活性化に関する法律（以下「中活法」といいます。）に規定されているまちづくり会社（特定会社、旧TMOを含む）や中心市街地整備推進機構 ④その他の民間団体で、原則として関係公共団体の推薦を受けたもの
助成金額 （総額）	
助成金額 （1件あたり）	100万円を限度
申請手続き	ホームページから応募の書式をダウンロード
応募期間 及び応募締切	毎年2月1日〜3月31日（締切）
助成決定時期	毎年4月下旬に選考委員会にて選考。5月中旬に決定通知します。
備　考	
提出書類	①定款・規約 ●　②団体の予算書・決算書 ●　③役員名簿 ●　④団体資料（パンフレット）● ⑤その他　法人格を取得していると認められる書類（写し）、市区町村の推薦状（任意団体の場合）

公益財団法人 草の根事業育成財団

くさのねじぎょういくせいざいだん

住 所	182-0024 東京都調布市布田1丁目15番9　エスポワール・ヴェール403
TEL	042-427-4278
FAX	042-449-6942
ホームページ	https://kusanoneikusei.net
E-Mail	info@kusanoneikusei.net
理念 事業の目的等	公益財団法人草の根事業育成財団は、様々な社会問題を解決する諸団体と協働し、子どもから高齢者まで市民一人ひとりが心豊かな市民生活を実現するために助成します。
事業名	**草の根育成助成**
助成対象内容	①障がい者、生活困窮者や事故、災害、犯罪等による被害者の支援を目的とする事業や活動 ②高齢者の福祉の増進を目的とする事業や活動 ③勤労意欲のある者に対する就労の支援を目的とする事業や活動 ④児童・青少年の健全な育成を目的とする事業や活動 ⑤教育、スポーツで心身の健やかな表現と豊かな人間性を身に着けることを目的とする事業や活動 ⑥文化及び芸術振興を目的とする事業や活動 ⑦地域社会、コミュニティの健全な営みを目的とする事業や活動
助成対象団体	東京都内に活動拠点をおく非営利な活動法人（非営利株式会社を含む）NPO法人、社団法人、財団法人等及び任意団体。
助成金額 （総額）	4,000千円（予定）
助成金額 （1件あたり）	1,000千円
申請手続き	当財団HPより申請書をダウンロード、必要事項を記載及び必要書類を郵送もしくはメールで提出してください。
応募期間 及び応募締切	毎年4月1日〜翌3月31日
助成決定時期	7月下旬
備考	
提出書類	①定款・規約 ● ②団体の予算書・決算書 ● ③役員名簿 ● ④団体資料（パンフレット） ● ⑤その他　ホームページに詳細

	けいでぃでぃあいざいだん
公益財団法人	**KDDI財団**

住　所	１０２−８４６０　東京都千代田区飯田橋３−１０−１０　ガーデンエアタワー

ＴＥＬ		ＦＡＸ	
ホームページ	http://www.kddi-foundation.or.jp/		
Ｅ−Ｍａｉｌ	grant@kddi-foundation.or.jp		

理念 事業の目的等	ＫＤＤＩ財団は、わが国の内外において、情報通信の恩恵を広く社会に還元するとともに、情報通信による世界の調和ある健全な発展に寄与することを理念としています。「助成事業」ならびに「国際協力事業」を２本の大きな柱に、「表彰事業」ならびに「ＩＣＴ普及事業」とともに、世界の隅々、全ての人々に情報通信の恩恵が行き渡ることを目指した事業を推進してまいります。

事業名	**社会的・文化的諸活動助成**

助成対象内容	・情報化社会の動向に即し、ＩＣＴを通じて社会、教育、環境等の課題解決に貢献する各種の非営利団体（ＮＰＯ）・非政府組織（ＮＧＯ）の活動、「草の根」活動。 ・ＩＣＴを通じての地域社会の国際化の促進、ならびに開発途上国における教育、文化、生活支援等に関する活動 ・ＩＣＴの普及・発展あるいは国際間の相互理解促進に寄与する活動や事業 ①目的型調査研究・諸活動助成 ②助成対象内容 ＳＤＧｓの促進の視点に立ち、日本国内におけるデジタル・ディバイドの解消に貢献する調査研究または活動

助成対象団体	非営利団体（ＮＰＯ）・非政府組織（ＮＧＯ）の他、法人格を持たない団体

助成金額 （総額）	（１）社会的・文化的諸活動助成 （２）目的型調査研究・諸活動助成

助成金額 （1件あたり）	（１）１００万円 （２）３００万円

申請手続き	ＫＤＤＩ財団ウェブサイト内の「Ｗｅｂ助成申請システム」より申請してください。

応募期間 及び応募締切	（１）２０２１年７月２０日（火）〜７月３０日（金）１７：００必着 （２）２０２１年７月５日（月）〜７月１６日（金）１７：００必着

助成決定時期	２０２２年３月

備　考	申請書につきましては、当財団ウェブサイトよりダウンロードくださいますようお願いいたします。

提出書類	①定款・規約 ● ②団体の予算書・決算書 ● ③役員名簿 ● ④団体資料（パンフレット）● ⑤その他

公益社団法人 国土緑化推進機構

こくどりょっかすいしんきこう

住 所	102-0093 東京都千代田区平河町2-7-4 砂防会館 別館5階
TEL	03-3262-8457
FAX	03-3264-3974
ホームページ	http://www.green.or.jp/
E-Mail	info@green.co.jp

理念 事業の目的等	社会環境の変化に伴い、国民の森林・みどりに対する関心はますます高まっており、具体的な「国民参加の森林づくり運動」を一層推進することが課題となっています。 平成24年12月「国際森林デー」の制定、平成25年11月「国連持続可能な開発のための教育10年（ESD）」世界会議等の意義、平成27年9月の国連サミットで採択された17の国際目標（SDGs：持続可能な開発目標）人生100年時代におけるライフステージに応じた健康・教育・観光等への森林空間利用の促進を念頭に、森林の重要性に対する理解の推進を図るとともに、森の幼稚園など新たな森林の利用や森林環境教育の推進を具体的に図っていくことが重要となっています。さらに、東日本大震災では海岸林が多大な被害を受け森林復興への支援が引き続き求められています。 このような中、公益社団法人国土緑化推進機構では、「緑と水の森林ファンド」の基本課題である森林資源の整備及びこれらを通じた水資源のかん養や森林の利用等に関する総合的な調査研究、普及啓発、基盤整備等の推進を図るため、幅広い民間団体の参加による国民運動として展開することを目的に、「緑と水の森林ファンド」公募事業を実施します。
事業名	**緑と水の森林ファンド**
助成対象内容	1　普及啓発 （1）森林・緑・水に対する国民の認識を深めるための普及啓発 （2）青少年を対象とする森林ESDの推進（森のようちえんを含む）など森林環境教育の促進 （3）森林づくり活動や森林の総合的利用を通じた山村地域の活性化・地域づくり運動の推進 （4）地域材の利用・木材需要の拡大、古紙利用推進に関する普及啓発 2　調査研究 （1）森林の保全・公益的機能の増進等に関する調査研究 （2）青少年を対象とする森林ESDの推進（森のようちえんを含む）など森林環境教育に関する調査研究 （3）学校林や学校周辺林の教育的活用のための調査研究 （4）地域材・山村資源の有効活用等山村地域活性化に関する調査研究 3　活動基盤の整備 （1）森林ESD（森のようちえんを含む）や緑の少年団活動など森林を活用した環境教育等の青少年の育成に関するもの （2）森林ボランティアリーダーの養成・ネットワーク構築等 （3）森林づくり活動を通した農山村と都市住民等との交流促進 4　国際交流 （1）国内で開催される森林に関する国際会議への支援 （2）森林・林業に関する海外との情報交換 ただし、次の各号に該当する場合は、助成の対象となりません。 ・専ら特定の事業者の利益のために行われるもの ・他の団体等への資金の助成等を内容とするもの ・事業が申請者の負担において行うべきものと認められるもの ・事業内容が一般に広く波及効果があると認められないもの ・事業が自主的・組織的な活動と認められず、適切に完遂できると認められないもの ・食糧等飲食費 ・汎用性があり資産の形成につながる資材の購入。 ・森林ボランティア活動の労賃、ホテル・旅館・厚生施設等の宿泊費、居住地から事業場所最寄り（公共交通の最終地点）の集合／解散場所までの交通費 ※事業期間が2021年7月1日から2022年6月30日までのもの
助成対象団体	（1）民間の非営利団体（次の①又は②のいずれかに該当する団体や地域の自主的な活動組織） 　①「特定非営利活動促進法」（平成10年法律第7号）に基づく特定非営利活動法人 　②以下の要件を満たす団体等 　ア　規約等により適正な運営が行われることが確実であると認められること。規約等には、名称、事務所、会員、役員の構成、事業運営、会計年度等について規定されていること。 　イ　営利を目的としないこと。 （2）非営利の法人 （3）個人（調査研究に限る。）
助成金額 （総額）	6,000万円
助成金額 （1件あたり）	団体100万円 個人70万円

申請手続き	申請者は、〔様式１〕「緑と水の森林ファンド」公募事業助成申請書を（公社）国土緑化推進機構へ郵送して下さい。
応募期間及び応募締切	２０２１年２月１日（月）～３月１５日（月）まで（当日消印有効）
助成決定時期	７月上旬
備　考	〔重点項目の設定について〕 「緑と水の森林ファンド」公募事業による助成は、以下の重点項目に沿った４分野（普及啓発、調査研究、活動基盤の整備、国際交流）の事業に対し、重点的に助成を行うこととします。 ≪重点項目≫ 1　「森林環境教育（森のようちえんを含む）」、「震災復興支援」、「地域材の利用」、 　　「地球温暖化防止と森林」、「森林と水」等の課題にポイントを置いた 　　　総合的・効率的な普及啓発 2　地域材・森林空間の利用促進など山村資源の有効活用等による山村地域の活性化 3　リーダーの養成等の森林ボランティア活動支援 4　学校林活動や緑の少年団活動の推進など森林環境教育（森のようちえんを含む）等による次世代の育成 5　森林の公益的機能、木質バイオマス、森林環境教育等に関する普及啓発・調査研究
提出書類	①定款・規約 ● 　②団体の予算書・決算書 ● 　③役員名簿 ● 　④団体資料（パンフレット）● ⑤その他

	こくどりょっかすいしんきこう	
公益社団法人	**国土緑化推進機構**	

住　所	102-0093	東京都千代田区平河町2-7-4　砂防会館　別館5階

TEL	03-3262-8457	FAX	03-3264-3974

ホームページ	http://www.green.or.jp/
E-Mail	info@green.co.jp

理念 事業の目的等	国内はもとより地球規模での「国民参加の森林づくり」を図ることを目的に、森林ボランティアによる森林づくり活動を推進し、もって健全な森林の育成に資する。

事業名	**緑の募金公募事業**

助成対象内容	公募事業は、国民参加の森林づくりに係る活動で、全国的又は国際的な見地から行われる先駆的モデル的な事業で次の（1）又は（2）の要件に該当する事業を対象とし、（3）に該当する場合は対象外とする。 （1）国内における森林整備・緑化事業 　　複数の都道府県にわたるなど広域的な見地から事業効果の波及が期待され、広く一般参加を呼びかけて行う以下の活動。 　　①森林の整備または緑化の推進 　　②災害に強い森林づくりの事業 　　③山村住民と都市住民の協働による森林の整備 　　④保育所・幼稚園・学校等の園庭・校庭等の緑化の推進 　　⑤「教育」や「健康」等の分野で、山村地域における森と人とのかかわりの拡大を推進する森林の整備や緑化の推進 　　⑥間伐材等の利用・加工を行うなど、森林循環の促進に通じる森林の整備 　　⑦その他、上記に準ずる森林の整備または緑化の推進を目的とする事業、これに付帯するイベント等 （2）海外における森林整備・緑化事業 　　海外で行う次のいずれかに該当する事業とする。 　　①砂漠化防止や熱帯林再生のための森林の整備 　　②土砂流失防止・水源かん養・薪炭林造成等のための森林の整備 　　③公園・学校への植樹等による緑化の推進 　　④苗畑整備・育苗や緑化の推進に資する苗木の配布 　　⑤山火事防止等の森林パトロール、被害調査等の森林保全管理 　　⑥その他、上記事業に付帯するセミナーや給水施設整備等 （3）対象外とする事業 　　次のいずれかに該当する事業は、応募できないものとする。 　　①既に、国又は国の機関から「緑の募金交付金以外」の補助・助成等を受けているもの、または受ける見込みにあるもの 　　②特定の事業者の利益のために行われるもの 　　③政治的又は宗教的宣伝を目的としていると認められるもの 　　④我が国又は相手国の行政機関の施策の遂行として行われる海外活動 　　⑤その他「緑の募金事業」の目的からふさわしくないと判断されるもの

助成対象団体	森林ボランティア、里山保全団体およびNPO等による以下の活動 （1）国内外の森と人を元気にする活動 （2）地球の緑を増やし、地球温暖化防止や生物多様性保全に貢献する活動 （3）森づくりのリーダーを育てる活動 （4）森や里山で子どもたちを育むことができる活動

助成金額 （総額）	12,400万円（2020年7月～2021年6月の交付決定額）

助成金額 （1件あたり）	1事業当たりの限度は200万円（国際協力は300万円）

申請手続き	機構のホームページを参照

応募期間 及び応募締切	応募期間は2月1日から3月15日（機構ホームページに公告）

助成決定時期	7月1日付けで通知

備　考	詳細は機構のホームページを参照

提出書類	①定款・規約　●　②団体の予算書・決算書　●　③役員名簿　●　④団体資料（パンフレット）　● ⑤その他　機構のホームページに公告のとおり

こくみんきょうさいこーぷ

こくみん共済 coop（全国労働者共済生活協同組合連合会）

住　所	151-8571　東京都渋谷区代々木2-12-10
TEL	03-3299-0161　　FAX 03-5351-7776
ホームページ	http://www.zenrosai.coop/
E－Mail	90_shakaikouken@zenrosai.coop

理念 事業の目的等	こくみん共済 coopは、豊かで安心できる社会をめざして「防災・減災活動」「環境保全活動」「子どもの健全育成活動」を重点分野と位置づけ、積極的に地域社会へ貢献する活動を展開しています。 その一環として、「人と人とがささえあい、安心して暮らせる未来へ」をテーマに、これらの活動の輪を広げて、安心のネットワークを広げていく取り組みを支援します。
事業名	こくみん共済 coop 地域貢献助成
助成対象内容	1．自然災害に備え、いのちを守るための活動 【活動例】防災研修、防災マップの作成、防災ウォークなど 2．地域の自然環境・生態系を守る活動 【活動例】自然観察会、環境教育のための学習会、森林・里地里山（棚田等含む）・竹林の保全活動、水環境（河川・湖沼・里海）の保全活動、生物多様性の保全活動（絶滅の危機に瀕する動植物の保護）など 3．温暖化防止活動や循環型社会づくり活動 【活動例】自然エネルギーの普及・啓発活動、省エネルギーの促進活動、3R（リサイクル、リユース、リデュース）を促進する活動など 4．子どもや親子の孤立を防ぎ、地域とのつながりを生み出す活動 【活動例】親子サロン、読み聞かせ、プレーパークなど 5．困難を抱える子ども・親がたすけあい、生きる力を育む活動 【活動例】障がい・外国籍・ひとり親家庭などの子どもや親の交流、相互支援活動など
助成対象団体	日本国内を主たる活動の場とする、下記1〜3のいずれにも該当する団体を対象とします。 1．NPO法人、任意団体、市民団体 2．設立後1年以上の活動実績を有する団体（基準日：2020年9月4日※応募開始日） 3．直近の年間収入が300万円以下の団体（前年度の繰越金を除く）
助成金額 （総額）	2,000万円
助成金額 （1件あたり）	30万円
申請手続き	所定の申請書添付書類にてご応募下さい。 申請書は弊会ホームページからダウンロードできます。
応募期間 及び応募締切	2020年9月4日（金）〜2020年10月6日（火） ※2021年1月1日〜2021年12月31日を対象期間とする助成の受付は終了しております。
助成決定時期	2021年1月下旬
備考	2022年以降の募集要項については内容が確定次第ホームページ等で掲載いたします。
提出書類	①定款・規約 ● ②団体の予算書・決算書 ● ③役員名簿 ● ④団体資料（パンフレット） ● ⑤その他

こくりつせいしょうねんきょういくしんこうきこう	
独立行政法人	**国立青少年教育振興機構**

住　　所	151-0052	東京都渋谷区代々木神園町3-1	
ＴＥＬ	0120-57-9081	ＦＡＸ	03-6407-7720
ホームページ	https://yumekikin.niye.go.jp		
Ｅ－Ｍａｉｌ	yume@niye.go.jp		

理念 事業の目的等	子どもゆめ基金は、未来を担う夢を持った子どもの健全育成を推進するため、自然に触れ親しむ活動、科学実験などの科学体験活動、異年齢間の交流を促進する活動、絵本の読み聞かせ会などの読書活動といった地域の草の根団体が実施する体験活動や特色ある新たな取り組み、体験活動等の裾野を広げるような活動を中心に、様々な体験活動や読書活動等への支援を行っています。
事業名	**子どもゆめ基金**
助成対象内容	子どもの健全な育成を図ることを目的に、令和3年4月1日から令和4年3月31日までの間に行われる、次の活動に対する助成を行います。 ※二次募集については、令和3年10月1日から令和4年3月31日までの間に行われる活動です。 （1）子どもを対象とする体験活動や読書活動 ＜体験活動＞ 主たる分野（1つのみ）へ申請してください。 ①自然体験活動、②科学体験活動、③交流を目的とする活動、④社会奉仕体験活動、⑤職場体験活動、⑥総合・その他の体験活動 ＜読書活動＞ ・読み聞かせ会、読書会、お話会 ・絵本を用いたワークショップなど子どもが自主的に読書活動に取り組む意欲を育む活動 （2）子どもを対象とする体験活動や読書活動を支援する活動 ＜フォーラム等普及活動＞ 体験活動や読書活動の振興方策を研究協議するフォーラム、体験活動や読書活動を普及啓発する講演会など。 ※フォーラムとは、あるテーマをもとに基調講演や公開討論などのプログラムを実施する活動のことです。 ＜指導者養成＞ 体験活動や読書活動の指導者・ボランティアとして活動する方を養成する研修会、すでに指導者やボランティアとして活動している方のスキルアップを図る研修会など。 ※申請書には指導者養成事業の全体像がわかるようなカリキュラム表を添付してください。また実績報告書には受講者名簿を必ず添付し、受講者が実際に指導者として活動した指導実績を把握・保管に努めてください。
助成対象団体	次に該当する団体で、当該団体が自ら主催し、子どもの健全な育成を目的に子どもの体験活動や読書活動の振興に取り組む団体が助成の対象となります。 （1）公益社団法人、公益財団法人又は一般社団法人、一般財団法人 （2）特定非営利活動法人 （3）（1）及び（2）以外の法人格を有する団体（次に掲げる団体を除く。） 　　①国又は地方公共団体 　　②法律により直接に設立された法人 　　③特別の法律により特別の設立行為をもって設立された法人 （4）法人格を有しないが、活動を実施するための体制が整っていると認められる団体
助成金額 （総額）	
助成金額 （1件あたり）	（1）1活動あたりの助成金の限定額は、全国規模の活動は600万円、都道府県規模の活動は200万円、市区町村規模の活動は100万円です。 （2）1活動あたりの助成金の額は、2万円以上限度額までとします。
申請手続き	（1）募集について 令和3年度助成活動の募集は、＜一次募集（今年度の募集は終了）＞と＜二次募集＞に分けて実施します。 ＜二次募集について＞ ・募集対象となる様式：別紙様式1-B（令和3年10月1日以降に開始する活動） ・募集対象となる条件：①活動規模：市区町村規模、②助成金申請額：50万円以下 　（1件あたり）③活動数：分野を問わず3件まで（それぞれの活動ごとに申請書別紙様式1-Bを作成してください。） （2）申請方法について 申請は、①電子申請システムを利用した申請 ②郵送による申請 のいずれかの方法で行うことが

できます。
①電子申請システムを利用した申請
　電子申請システムは、従来書面によって行っている助成金申請手続きを、インターネットを利用して行うシステムです。システムを利用することにより、入力時のチェックや郵送の手間を簡略化することができます。

　子どもゆめ基金ホームページ（https://yumekikin.niye.go.jp/）から電子申請システムをご利用ください。
　電子申請の場合、締切日の１７時まで受け付けます。

　電子申請システムのご利用には、ＩＤが必要なため、初めて電子申請システムをご利用される場合は、事前にＩＤの申請・発行手続きが必要となります。ＩＤの発行は自動ではなく、職員が手作業で行っているため、土日祝日は発行できかねます。また、ＩＤ申請の集中が予想される締切り間近はＩＤの発行に時間がかかりますので、余裕をもって申請してください。

②郵送による申請
　申請書に必要事項を記入のうえ、郵送や宅配便によりご提出ください。その際、簡易書留など配達記録の残るものを利用し、封筒の表に「申請書在中」と記入してください。ファックスまたは、電子メールによる申請は受け付けていません。
＜申請書の提出先＞
独立行政法人国立青少年教育振興機構　子どもゆめ基金部助成課
〒１５１－００５２　東京都渋谷区代々木神園町３－１
※郵送申請の場合、郵送申請の締切日の消印有効。直接持参される場合は、平日（土日祝除く）
　９時から１７時まで受け付けます。

応募期間 及び応募締切	＜二次申請＞ 郵送申請：令和３年５月１日～６月１５日（当日消印有効） 電子申請：令和３年５月１日～６月２９日（１７時締切）
助成決定時期	申請された活動の審査結果については、二次募集は令和３年８月を目途に決定通知を送付します。不採択となった場合にも通知します。 　採択された活動については、子どもゆめ基金ホームページ上にて、団体名と活動名、交付決定額を公表します。
備　考	
提出書類	①定款・規約　●　②団体の予算書・決算書　●　③役員名簿　●　④団体資料（パンフレット）　● ⑤その他

（申請書）別紙様式1－B　その1－1　　　　　　　　　　　　　　　　　　　　| 様　式　B |

令和3年度子どもゆめ基金助成金申請書

令和　　年　　月　　日

独立行政法人国立青少年教育振興機構理事長　殿

郵　便　番　号：
住　　　　　所：
ふ　り　が　な
団　体　名：
代表者役職：
ふ　り　が　な
氏　　　名：

下記の活動を行いたいので，子どもゆめ基金助成金交付要綱第4条の規定に基づき，助成金申請書を提出します。

ふりがな		助成金交付申請額	
活動名		,000 円	

活動の分野（いずれか1つに〇を記入）

	自然		科学		交流		社会奉仕		職場		総合・その他		読書

活動の種類（いずれか1つに〇を記入）

	子どもを対象とする活動		経済的に困難な状況にある子どもを対象とする活動			
	フォーラム等普及活動		指導者養成 → 資格取得（可能な場合）		任意		必須

活動期間	月　日（　　）　～　　月　　日（　　） 参加者がいる活動期間（事前・事後指導含む）としてください。

活動場所 （具体的に記入）		都・道・府・県

募集地域 （市区町村を記入）		※市区町村規模でなければ応募できません

募集対象 （口内に〇を記入）	未就学児 （　～　歳）		小学生 （　～　年生）		中学生		高校生
	大学生等		一般成人		保護者		その他（　　　　）

募集人数	子ども（高校生以下） 名 × 回 = 延べ 名		大人 名 × 回 = 延べ 名

募集方法 （口内に〇を記入）		チラシ（配布先：　　　）		ポスター（掲示先：　　　）
		広報誌（名称：　　　）		その他（　　　）

参加費 （口内に〇を記入）	有料 【1人あたり　　　円】		無料

共催	（国又は地方公共団体と共催する活動は助成の対象となりません。）

	氏　名	年齢	自宅住所	勤務先/所属先	連絡順
ふりがな 団体代表者					
連絡先	電話： 携帯：		FAX　： E－MAIL：		
ふりがな 連絡担当者①					
連絡先	電話： 携帯：		FAX　： E－MAIL：		
ふりがな 連絡担当者②					
連絡先	電話： 携帯：		FAX　： E－MAIL：		

注1．団体の役員及び事務局職員等のうち、申請書の内容及び経費について責任を持って対応できる方を必ず3名（家族を除く）記入してください。
　2．記載された個人情報は、「（独）国立青少年教育振興機構が保有する個人情報の適切な管理に関する規程」に基づき、子どもゆめ基金助成業務以外の目的には使用しません。

様式B　活動計画表

	団体名	
ふりがな		
活 動 名		

この活動を計画した目的やねらい（200字程度を厳守すること）

活動の目的やねらいを達成するための具体的なプログラム名と主なポイント（箇条書きで3つまで）

＜具体的なプログラム名＞	＜主なポイント＞

月	日	曜日	時間	プログラム内容（開始時間と終了時間をいれること）
指導者名				

当日活動に携わる指導者等の人数　（実人数）	指導者　　　　　　　　名　協力者　　　　　　　　名
	（うち、団体構成員の人数　　　　　　名）

参加者の安全対策健康管理	傷害保険への加入（□内に○を記入）		する		しない（理由：　　　　　　　　　　　　　　　）
	安全対策：				
	健康管理：				

収支計画表

団 体 名	
活 動 名	

	区 分		金 額（円）	積 算 内 訳 （積算根拠のない経費は、B. 助成対象外経費といたします）
支出の部	助成対象経費A	謝金	－	＝ 円 ／ ＝ 円 ／ ＝ 円
		旅費	－	＝ 円 ／ ＝ 円 ／ ＝ 円
		雑役務費	－	＝ 円 ／ ＝ 円 ／ ＝ 円
		その他の経費 印刷製本費	－	＝ 円 ／ ＝ 円 ／ ＝ 円
		通信運搬費	－	＝ 円 ／ ＝ 円 ／ ＝ 円
		借料損料	－	＝ 円 ／ ＝ 円 ／ ＝ 円
		消耗品費	－	＝ 円 ／ ＝ 円 ／ ＝ 円
		経済的に困難な状況にある子どもを対象とする活動において特に助成の対象となる経費	－	＝ 円 ／ ＝ 円 ／ ＝ 円
		小 計 A	－	
	助成対象外経費 B		－	＝ 円 ／ ＝ 円 ／ ＝ 円 ／ ＝ 円 ／ ＝ 円 ／ ＝ 円
	支出の総額（A＋B）		－	※ 収入の総額 と一致させること

収入の部	子どもゆめ基金助成金交付申請額	,000	← 小計 A の千円未満を切り捨てる かつ、50万円を超えないこと
	参加費収入	－	＝ 円 ／ ＝ 円
	補助金・寄附金等		
	自己資金		
	収入の総額（＝支出の総額）	－	※ 支出の総額 と一致させること

（申請書）別紙様式1－B その3　　　　　　　　　　　　団体概要

	団体名	

団体の種別 （□に〇を記入）		公益社団法人		公益財団法人		一般社団法人		一般財団法人
		特定非営利活動法人				学校法人		社会福祉法人
		民間企業		法人格なし		その他（ 　　　　　　　　　）		

団体URL	

団体設立年月	西暦　　　年　　月	団体の活動範囲	

団体が管理・運営する施設（※指定管理施設を含む）	

団体設立の経緯・沿革	

団体概要	<目的> <構成>

活動実績	令和2年度（見込）	令和元年度	平成30年度

団体の財政状況	総収入	円	円	円
	総支出	円	円	円
	当期損益	円	円	円
	子どもゆめ基金助成金の交付実績			
	その他の補助金・助成金の交付実績			

注）活動実績において、過去3年間に子どもゆめ基金助成活動を実施していた場合は、必ず記入してください。
　　「令和2年度（見込）」は、交付決定を受けている活動に限り、活動名と交付決定額を記入してください。

指導者養成カリキュラム表

※ 活動の種類で「指導者養成」を選択した場合は、申請書と本用紙を提出して下さい。
作成例を参照し、指導者養成事業の全体が分かるようなものを作成してください。

団体名		活動名	
養成対象者			
	※この講座でどのような参加者を募集し養成するのか、養成する対象者を明記してください。		

項目	時間数	題名	講師名	ねらい	内容

合計
時間数:

子供の未来応援国民運動推進事務局（内閣府、文部科学省、厚生労働省及び独立行政法人福祉医療機構）

住　所	１０５－８４８６　東京都港区虎ノ門４－３－１３ヒューリック神谷町ビル９階　福祉医療機構　NPOリソースセンターNPO支援課
TEL	０３－３４３８－４７５６　　　FAX　０３－３４３８－０２１８
ホームページ	https://www.wam.go.jp/hp/cat/kodomomiraikikin/
E－Mail	

理念 事業の目的等	貧困の状況にある子供たちの抱える困難やニーズは様々であり、貧困の連鎖を解消するためには、制度等の枠を越えて、一人ひとりの困難に寄り添ったきめ細かな支援を弾力的に行うことが必要です。また、新型コロナウイルス感染拡大に伴い、「新しい生活様式」に即した支援が求められるようになったこと等、子供たちの環境も大きく影響を受けていることにも留意する必要があります。 　これらを踏まえると、貧困の状況にある子供たちの実態を把握しやすい草の根で支援活動を行うNPO法人等の存在が重要ですが、そうしたNPO法人等の多くは、財政的に厳しい運営状態にあり、行政や民間企業等との連携や支援を求められているものと認識しています。 　この事業は、平成27年度に創設されており、民間資金からなる「子供の未来応援基金」を通じて、草の根で支援活動を行うNPO法人等の運営基盤の強化・掘り起こしを行い、社会全体で子供の貧困対策を進める環境を整備することを目的に、NPO法人等への支援金の交付を行うものです。 　新規又は拡充事業について活動を支援し、団体の運営基盤の強化を図る事業として、上限300万円までの支援金を交付する〈事業A〉と、小規模での活動を行う団体に対する支援枠として、30万円または100万円を交付する〈事業B〉の２種類の支援事業があります。
事業名	「子供の未来応援基金」未来応援ネットワーク事業
助成対象内容	応募する法人等が自ら主催する事業であり、助成対象テーマのアからカまでに該当する子供の貧困対策のための事業（金銭を直接給付する事業又は貸与する事業を除く。）を支援金の交付対象事業（以下「支援事業」という。）として募集いたします。一団体につき、一事業の申請（※）としてください。なお、事業A及び事業Bの同時申請は不可とします。また、事業Aで採択された場合は、次回以降、事業Bへの申請は不可とします。 【助成対象テーマ】 ア　様々な学びを支援する事業 イ　居場所の提供・相談支援を行う事業 ウ　衣食住など生活の支援を行う事業 エ　児童又はその保護者の就労を支援する事業 オ　児童養護施設等の退所者等や里親・特別養子縁組に関する支援事業 カ　その他、貧困の連鎖の解消につながる事業 ※ただし、国又は地方公共団体及び民間の助成機関から補助・助成（以下、「他の助成等」という。）を受ける事業と同一事業かつ同一費目については、支援金の交付対象外とします。また、異なる費目のみを対象とした申請であっても、主たる費目について他の助成等を受ける場合には、支援金の交付対象外となる場合があります。
助成対象団体	【助成対象】以下２つの支援事業を対象としています。 〈事業A〉 　社会福祉の振興に寄与する事業を行う、営利を目的としないア～エの法人又は団体 （以下「法人等」という。） 〈事業B〉 　社会福祉の振興に寄与する事業を行う、営利を目的としない法人等であって、過去に未来応援ネットワーク事業の支援を受けたことがなく、設立後おおむね５年以内の法人等又は新規事業もしくは実施後間もない事業を実施する法人等 ア　公益法人（公益社団法人又は公益財団法人） イ　NPO法人（特定非営利活動法人） ウ　一般法人（一般社団法人又は一般財団法人） エ　その他ボランティア団体、町内会など非営利かつ公益に資する活動を行う法人又は任意団体 ただし、上記の法人等であっても、次に該当する場合は除きます。 ・反社会的勢力及び反社会的勢力と密接な関係にある法人等 ・過去において法令等に違反する等の不正行為を行い、不正を行った年度の翌年度以降5年間を経過しない法人等 【助成対象経費】

謝金、旅費（国内旅費及び外国旅費）、借料損料（会場借料含）、家賃、備品購入費、消耗品費（燃料費、食材費及び会議費含）、印刷製本費、通信運搬費、賃金、委託費、保険料、雑役務費、光熱水費

助成金額 （総額）	令和3年度実績　支援決定額　　　約1億4602万円（96件）
助成金額 （1件あたり）	「1件あたりの支援上限額」　〈事業A〉　300万円 まで 〈事業B〉　定額30万円 または 定額100万円 ※支援回数は事業Aと事業Bを合わせて原則3回までとします。 　ただし、事業の目的を踏まえ、事業Aから事業Bへの移行は不可となります。
申請手続き	○独立行政法人福祉医療機構NPOリソースセンターへ応募してください。 ○その他申請手続きの詳細については、別途募集要領を独立行政法人福祉医療機構の 　ホームページ等に掲載し、お知らせします。
応募期間 及び応募締切	○令和3年度分支援事業の募集期間は、令和2年8月24日～10月2日まで。 ○令和4年度分支援事業の募集の詳細は別途、ホームページ等でご案内します。
助成決定時期	○令和3年度支援事業の選定結果→令和3年1月29日
備　考	「子供の未来応援基金」未来応援ネットワーク事業の審査は、子供の未来応援国民運動推進事務局が設置する外部有識者による「子供の未来応援基金事業審査委員会」において行われます。
提出書類	①定款・規約　●　②団体の予算書・決算書　●　③役員名簿　●　④団体資料（パンフレット）　● ⑤その他

公益財団法人 小林製薬青い鳥財団

こばやしせいやくあおいとりざいだん

住 所	１０６－００３２　東京都港区六本木１－７－２７　全特六本木ビルＥast５Ｆ
ＴＥＬ	０３－３５０５－５３７１　　　ＦＡＸ　０３－３５０５－５３７７
ホームページ	https://www.kobayashi-foundation.or.jp
Ｅ－Ｍａｉｌ	info@kobayashi-foundation.or.jp
理念 事業の目的等	本財団は、障がいや病気を抱える子どもたちとそのご家族をサポートする、また、そういった方々の"あったらいいな"をカタチにする、ということを目的としております。 そこで、こういった分野で活動している人々を幅広く公募し、その活動を支援致します。これにより社会全体の「快」の増大に貢献することを目指して活動してまいります。
事業名	小林製薬青い鳥財団　助成事業
助成対象内容	障がい・病気に悩む子どもたちとその家族が抱えている様々な医療・福祉上の支援活動及び調査研究
助成対象団体	【応募資格】 １．支援活動の場合 日本国内において活動する次の法人等（個人は除きます。） ・公益法人（公益社団法人又は公益財団法人） ・一般法人（一般社団法人又は一般財団法人） ・ＮＰＯ法人（特定非営利活動法人、特例認定特定非営利活動法人又は 　認定特定非営利活動法人） ・その他ボランティア団体、町内会など非営利かつ公益に資する活動を行う団体 ２．調査研究の場合 日本国内の大学・研究所等に所属し、研究職に従事している個人 日本国内において活動する次の法人等 ・公益法人（公益社団法人又は公益財団法人） ・一般法人（一般社団法人又は公益財団法人） ・ＮＰＯ法人（特定非営利活動法人、特例認定特定非営利活動法人又は 　認定特定非営利活動法人） ・その他ボランティア団体、町内会など非営利かつ公益に資する活動を行う団体
助成金額 （総額）	約２，５００万円程度
助成金額 （１件あたり）	１００万円～５００万円
申請手続き	ホームページから所定の申請用紙（Ａ４サイズ）をダウンロードし、必要事項をご記入の上、必要書類を添えて押印した正本１部のみ郵送にて応募して下さい。 日本語での記入を条件とします。 郵送いただいた書類等の返却は出来かねますので、予めご了承下さい。
応募期間 及び応募締切	毎年６月～７月頃を応募期間としております （詳細な期日は、ホームページにてご確認ください）。
助成決定時期	毎年９月下旬頃に採否を通知します。
備考	
提出書類	①定款・規約 ● 　②団体の予算書・決算書 ● 　③役員名簿 ● 　④団体資料（パンフレット） ● ⑤その他　募集要項をご確認下さい。

社会福祉法人	しみずききん 清水基金

住　所	103-0027　東京都中央区日本橋3-12-2　朝日ビルヂング3階
TEL	03-3273-3503　　　FAX
ホームページ	https://www.shimizu-kikin.or.jp/
E-Mail	非公表

理念 事業の目的等	法律によって定められた障害福祉サービスを行う社会福祉法人とNPO法人に対する助成事業を通じて、日本の障害福祉の向上を目的としています。
事業名	①社会福祉法人助成事業 ②NPO法人助成事業 ③文化芸術活動特別助成事業 ④海外研修助成事業 ⑤国内研修助成事業
助成対象内容	①社会福祉法人助成事業 　障害者の福祉増進に必要な建物・車輌・機器等 ②NPO法人助成事業 　障害者の福祉増進に必要な建物・車両・機器等 ③文化芸術活動特別助成事業 　障害者の文化芸術活動に必要な道具・楽器・機器、活動をまとめた出版物等 ④海外研修助成事業 　障害福祉サービス従事者のための海外研修事業 ⑤国内研修助成事業 　障害福祉サービス従事者のための国内研修事業
助成対象団体	障害福祉サービスを行う社会福祉法人とNPO法人
助成金額 （総額）	①社会福祉法人助成事業　360,000千円（予定） ②NPO法人助成事業　100,000千円（予定） ③文化芸術活動特別助成事業　1,500万円（予定）
助成金額 （1件あたり）	①社会福祉法人助成事業　1法人当り50万円～1,000万円とする ②NPO法人助成事業　1法人当り50万円～700万円とする ③1法人（または1グループ）当り30万円～200万円とする ④海外研修助成事業　3ヶ月コース200万円、1ヶ月コース100万円 ⑤国内研修助成事業　受講料、交通費実費等研修実施にかかる費用は基本的に当基金負担
申請手続き	①社会福祉法人助成事業／直接清水基金へ ②NPO法人助成事業／直接清水基金へ ③文化芸術活動特別助成事業／直接清水基金へ ④海外研修助成事業／清水基金ホームページより申込書類をダウンロード ⑤国内研修助成事業／清水基金ホームページより申込書類をダウンロード
応募期間 及び応募締切	①社会福祉法人助成事業／6月1日～7月31日 ②NPO法人助成事業／5月1日～6月30日 ③文化芸術活動特別助成事業／5月1日～6月30日 ④海外研修助成事業／6月1日～7月31日 ⑤国内研修助成事業／未定
助成決定時期	翌年1月末（海外研修助成事業は10月に内定、国内研修助成事業は未定）
備　考	国内研修事業は2021年度は1回実施予定です。詳細決定次第ホームページに掲載します。
提出書類	①定款・規約　●　②団体の予算書・決算書　●　③役員名簿　●　④団体資料（パンフレット）　● ⑤その他

NPO法人	**市民社会創造ファンド**

住　所	103-0012　東京都中央区日本橋堀留町1-4-3　日本橋MIビル1階

TEL	03-5623-5055	FAX	03-5623-5057

ホームページ	http://www.civilfund.org
E-Mail	

理念 事業の目的等	市民社会創造ファンドは、個人・企業・団体等からの多様な寄附や助成の受け皿となる専門的なコンサルテーション機能を備えた資金仲介組織（インターミディアリー）です。新しい市民社会の実現に寄与することを理念とし、NPOの資金源を豊かにし、民間非営利セクターの自立した発展と活発化を図ることを目的に、日本NPOセンターの実績の一部を継承・発展するかたちで設立されました。 　当ファンドでは、資金提供者（企業・財団・個人等）とともに市民活動を応援する助成プログラムづくりや運営協力、調査業務、相談業務などを行っています。
事業名	①タケダ・ウェルビーイング・プログラム～長期療養の子どもたちに"生きる力"を～（特定目的プログラム） ②NPO支援組織スタッフ強化助成（基盤強化プログラム）
助成対象内容	①タケダ・ウェルビーイング・プログラム 　武田薬品工業株式会社からの特定寄附により、長期療養の子どもたちとその家族の心理的・文化的・社会的な生活の質を向上させ、生きる力につながるような以下の市民活動を支援します。本プログラムは、計画型の助成（非公募）として、当方より声をかけさせていただいたNPOと対話しながらプロジェクトを作り上げて助成します。（助成期間は1年間） （1）病院内外で支援する人・ネットワークを育てる活動 （2）在宅・地域生活の支援活動 （3）その他の新しい支援活動 ②NPO支援組織スタッフ強化助成 　民間の非営利組織が自主事業として取り組む、全国または地域ブロック単位で実施される、NPO支援組織スタッフ向けの優れた研修プログラムに対し以下の助成を行ないます。 （1）講師招聘費助成：研修プログラムに招聘される講師の謝金および交通費・宿泊費 （2）参加者交通費助成：研修プログラムに参加する民間のNPO支援組織のスタッフの交通費の一部 その他、7つの助成プログラム（協力プログラム）を運営しています。
助成対象団体	①タケダ・ウェルビーイング・プログラム 日本国内で活動するNPOなど ②NPO支援組織スタッフ強化助成 （1）講師招聘費助成：全国または地域ブロック単位で実施される、NPO支援組織スタッフ向けの優れた研修プログラムを、自主事業として取り組む民間の非営利組織。 （2）参加者交通費助成：市民社会創造ファンドが認めた研修プログラムに参加する、民間のNPO支援組織。
助成金額 （総額）	①タケダ・ウェルビーイング・プログラム：822万円（2018年実績） ②NPO支援組織スタッフ強化助成：年により異なります。
助成金額 （1件あたり）	①タケダ・ウェルビーイング・プログラム 50～200万円程度 ②NPO支援組織スタッフ強化助成 （1）講師招聘費助成：1プログラムにつき上限10万円 （2）参加者交通費助成：1人につき、研修が開催される場所と参加者が所属する団体所在地の都市間往復交通費から1万円（概ね100kmの往復交通費に相当）を差し引いた額。（1団体2名まで）
申請手続き	①タケダ・ウェルビーイング・プログラム 非公募による計画型の助成のため公表していません。 ②NPO支援組織スタッフ強化助成 市民社会創造ファンドへお電話にてお問い合わせください。
応募期間 及び応募締切	①タケダ・ウェルビーイング・プログラム：適宜 ②NPO支援組織スタッフ強化助成：随時申込を受付けていますが、研修開催日の2ヶ月前までにお申込下さい。
助成決定時期	①タケダ・ウェルビーイング・プログラム：適宜

②ＮＰＯ支援組織スタッフ強化助成：申込書の到着日から２週間以内に、当ファンドの事務局および担当運営委員にて検討の上、助成の当否を連絡します。

備 考	
提出書類	①定款・規約 ● ②団体の予算書・決算書 ● ③役員名簿 ● ④団体資料（パンフレット） ● ⑤その他

公益財団法人	しゃりょうきょうぎこうえきしきんきねんざいだん **車両競技公益資金記念財団**

住　所	113-0033　東京都文京区本郷3-22-5　住友不動産本郷ビル8階
TEL	03-5844-3070　　FAX　03-5844-3055
ホームページ	http://www.vecof.or.jp/
E-Mail	kouekijigyou@vecof.or.jp

理念 事業の目的等	社会福祉の増進、医療の向上その他の公益の増進に資する事業及び研究に対し、時代の要請を踏まえ、時宜に適った助成を行い、心豊かな社会づくりに貢献することを目的とする。
事業名	①高齢者、障害者等の支援を目的とするボランティア活動に対する助成事業 ②社会福祉施設等の整備に対する助成事業 ③災害復旧援護活動等に対する助成事業
助成対象内容	①高齢者、障害者等の支援のためのボランティア活動の受益者に直接必要な各種器材の整備事業 ②社会福祉施設等（保育所等、障害者支援施設及び更生保護施設）の補修改善事業 ③（1）災害復旧援護に係るボランティア活動事業 　（2）地震等の不測の自然災害等の復興事業又は本財団が特に必要と認める公益上有益な事業で緊急に助成すべき事業
助成対象団体	①ボランティア活動団体 ②社会福祉法人等 ③（1）の事業は災害復旧援護に係るボランティア活動団体 　（2）の事業は特に本財団が必要と認めた者
助成金額 （総額）	24,532,600円（2020年度）※①の事業
助成金額 （1件あたり）	上限90万円　※①の事業 （助成率は9／10以内）
申請手続き	本財団が指定する「助成事業実施計画申請書」の提出。申請書の用紙は②（保育所等以外）・③については本財団、①・②（保育所等）については都道府県共同募金会に請求してください。
応募期間 及び応募締切	6月～7月頃まで　※①の事業
助成決定時期	助成金交付申請内容の調査及び審査委員会の審査を実施し、理事会で決定後、遅滞なく申請者に通知します。（決定時期：①の事業は9月）
備　考	※①・②（保育所等）の事業については、各都道府県の共同募金会に受付をお願いしています。
提出書類	①定款・規約　●　②団体の予算書・決算書　●　③役員名簿　●　④団体資料（パンフレット）　● ⑤その他

公益財団法人	しょうりきこうせいかい **正力厚生会**	

住　所	１００－８０５５　東京都千代田区大手町１－７－１　　読売新聞ビル２９Ｆ	
ＴＥＬ	０３－３２１６－７１２２	ＦＡＸ　０３－３２１６－８６７６
ホームページ	http://shourikikouseikai.or.jp/	
Ｅ－Ｍａｉｌ		

理念 事業の目的等	がん患者会やがん患者を支援する団体などが主体となって取り組む優れた事業に助成します。
事業名	**がん患者団体助成事業**
助成対象内容	相談窓口の開設や小冊子の発行、シンポジウムの開催、インターネットによる情報発信などの企画運営が対象となります。単年度の助成が基本ですが、長期計画が必要と認められる場合には３年を上限として継続助成することもあります。 　２０２２年４月～１２月末までに実施される事業を対象とします。（２０２２年度助成） ※公の援助を受けている事業や営利を目的とする事業、医療機関主体の事業は対象外とします。 ※団体の管理費や組織運営費（事務所賃料など）、内部講師への謝礼への助成は行いません。
助成対象団体	がん患者会、がん患者やその家族を支援するグループなど。法人格の有無は問いません。
助成金額 （総額）	※参考　２０２１年度実績　７９９万円
助成金額 （1件あたり）	１件（１団体）当たりの助成額は上限５０万円です。
申請手続き	申請書は、正力厚生会のホームページ（http://shourikikouseikai.or.jp/）からダウンロードできます。インターネットの接続環境にない場合は、はがきに団体名、代表者名、郵便番号、住所、電話番号、「助成申請書請求」と明記して、本財団事務局までお送りください。所定の申請書類をお送りします。 　申請書に必要事項を記入し、添付書類とともに郵送で財団事務局までお送りください。
応募期間 及び応募締切	募集要項は未定です。２０２１年５月ごろには発表する予定です。 （※２０２０年度助成の応募締め切りは２０１９年１０月１６日でした）
助成決定時期	専門委員会で選考を行い、結果を２０２２年２月末までに書面で通知します。選考時にヒアリング（聞き取り調査）や追加書類の提出を求める場合があります。
備　考	
提出書類	①定款・規約　●　②団体の予算書・決算書　●　③役員名簿　●　④団体資料（パンフレット）　● ⑤その他

社団法人	しょうわかいかん **昭和会館**	

住　所	１００－００１３　東京都千代田区霞が関３－３－２　新霞が関ビル２０Ｆ
ＴＥＬ	０３－３５８１－１６２１　　ＦＡＸ　０３－３５８１－０９５７
ホームページ	なし
Ｅ－Ｍａｉｌ	koueki@showakaikan.or.jp

理念 事業の目的等	１．日本の伝統文化の研究助成。 ２．自然環境の保全に寄与する事業への助成。 ３．福祉事業への助成。
事業名	**社会福祉助成**
助成対象内容	１．日本の伝統文化の研究助成。 ２．自然環境の保全に寄与する事業への助成。 ３．福祉事業への助成。
助成対象団体	原則として民間施設でかつ認可施設であること。 東京都内で活動していること。
助成金額 （総額）	２，５００万円
助成金額 （１件あたり）	特に制限していないが３０万～３００万以下。
申請手続き	東京ボランティア・市民活動センターの推薦を得ること。
応募期間 及び応募締切	例年は１１月末（昨年はコロナ対応の為１２月末）
助成決定時期	申請書受理後２～３ヶ月
備考	
提出書類	①定款・規約　●　②団体の予算書・決算書　●　③役員名簿　●　④団体資料（パンフレット）　● ⑤その他

宗教法人 真如苑

しんにょえん

住　所	190-0015	東京都立川市泉町935-32

TEL	042-538-3892	FAX	042-538-3841

ホームページ	http://shinjo-project.jp/koubo/bosai.html
E-Mail	koubo@shinnyo.org

理念 事業の目的等	２０１１年におこった東日本大震災は未曾有の被害をもたらしたとともに、防災に対する価値観を大きく変えました。今後の発生が警戒される首都直下型地震や南海トラフ巨大地震、そして地球温暖化の影響で増加する傾向にあると言われている豪雨水害等、いつ襲ってくるかわからない災害から一人でも多くのいのちを救うためには、自助・共助・公助の連携のもと総合的な防災対策を推進していくことが重要になっています。真如苑では水害や大規模地震や今後発生する恐れのある自然災害に備え、地域で自助・共助の活動をされる団体のみなさまに、少しでもお役に立ちたいという願いから、２０１３年より、「市民防災・減災活動公募助成」を続けています。防災の基本理念とされる「自らのいのちは自らが守る」「自分たちのまちは自分たちで守る」に沿い、災害に対する備え、相互連携・支援活動をされる皆様への支援を通して、地域の防災力の向上にお役に立てることを願っています。
事業名	**真如苑　市民防災・減災活動公募助成**
助成対象内容	・日本国内で起こる災害に「備える」ための活動。 ・日本国内で起こる災害から生命を「守る」ための活動。 ・日本国内で起こった災害後の生活再建へ「つなぐ」ための活動。 【科目】 人件費（助成額の５０％を上限）、旅費交通費、通信運搬費、印刷製本費、消耗品費、消耗備品費、資料収集費、会議費、保険料、諸謝金、雑費、その他
助成対象団体	全国で活動する特定非営利活動法人、学校法人、社会福祉法人、ボランティアグループ等の市民主体の公益的な団体であり、以下の要件すべてを満たす団体。 （１）団体創設から１年以上、会員が５名以上の団体。 （２）前年度支出実績が５，０００万円未満の団体。 （３）活動の成果を報告書として提出いただけること。 （４）助成事業実施にあたり、当該事業の案内や開催要綱に必ず「真如苑助成事業」と明記していただくこと（「Ｓｈｉｎｊｏ　プロジェクト」等は不可）、および真如苑ホームページにて、貴団体名および助成活動内容の公開ならびに、報告書の提出・成果の公表に同意していただけること。 ※過去に真如苑より助成を受け、活動報告書を提出していない団体は助成対象外となります。
助成金額 （総額）	８００万円
助成金額 （１件あたり）	５０万円
申請手続き	申請は下記の内容をご確認いただき、郵送とデータ送付の両方をお願いします。 ※申請書は、ホームページhttp://shinjo-project.jp/からダウンロードをお願いいたします。 ※必要な書類が不足していると助成対象となりませんので、ご注意ください。 ①別紙様式「真如苑市民防災・減災活動支援助成申請書」４部　郵送（コピー可） ②添付資料１部（下記の書類を１部ずつご提出ください。コピー可） 　・組織の規約を示すもの（「会則」や「定款」など） 　・団体全体の直近の事業計画書（含む予算書）、事業報告書（含む決算書） 　・団体の概要がわかるパンフレットやニュースレター、チラシ類 　・団体の責任者および事業担当者の略歴（様式は自由です） ※申請のためにいただいた情報は、助成の審査に関してのみ使用し、助成に関係しないものには、一切、使用いたしません。 ※ご提出いただいた応募書類はお返しできません。必ず控えをお取りください。 ※ご提出書類はホッチキスではなく、外しやすいクリップやファイル等でまとめて下さい。 ③応募団体の連絡担当者宛ての住所・氏名を表書きした封筒１部 　（応募者宛ての封筒です。かならず連絡担当者宛ての住所と氏名を表書きして下さい。封筒は、A4用紙が三つ折りで入る１２０ミリ×２３５ミリの「長３封筒」でお願いします。なお、切手を貼付する必要はありません） （データ送付いただく書類） 　「真如苑市民防災・減災活動支援助成申請書」

※申請書のみkoubo@shinnyo.orgのメールアドレスへ返信してください。送信の際には、
　件名に【防災公募申請】○○（団体名）を明記してください。

応募期間 及び応募締切	２０２１年５月３１日（月）※消印有効
助成決定時期	５月３１日　応募締め切り ７月０１日　審査結果の通知 ７月３１日　助成金の支払い
備　考	・助成率（総経費に占める助成額の比率）は９割を上限とします（自己負担１割以上）。 ・１団体で申請できる活動案件は一つの助成対象期間に１件のみとします。 ・消耗品、消耗備品購入のみの事業内容での申請はできません。 ・審査により、申請額から減額される場合があります。
提出書類	①定款・規約 ● ②団体の予算書・決算書 ● ③役員名簿 ● ④団体資料（パンフレット）● ⑤その他

	すさきふくしざいだん		
公益財団法人	洲崎福祉財団		

住　所	103-0022	東京都中央区日本橋室町三丁目2番1号　日本橋室町三井タワー15階

TEL	03-6870-2019	FAX	03-6870-2119

ホームページ http://www.swf.or.jp/
E-Mail info@swf.or.jp

理念 事業の目的等	「社会に参加し貢献する意思を持ち、その為に努力する全ての障害者には健常者と同様に、その実現を通じて自己の人生の充実と人間的尊厳を獲得する権利がある。そして、この権利を具現化するのは、共同体としての社会全体の責務である。」が洲崎福祉財団の理念です。
事業名	洲崎福祉財団　障害児者に対する自立支援活動への助成
助成対象内容	対象事業 ・障害児・者の自立と福祉向上を目的とした各種活動、施設の設置・改善の事業 ・障害児・者に対する自助・自立の支援事業 ・定例化もしくはシリーズ企画などの事業は対象外
助成対象団体	・申請者は、原則として非営利法人とし、個人及び営利法人は除きます。 　但し、法人でない場合でも当財団の理念に沿う公益活動において3年以上の継続的な実績 　と、これを証明する客観性のある資料があり、且つ今後2年以内に法人化する予定がある 　任意団体は対象とします。 ・活動が政治、宗教、思想などの目的に偏る団体、事業は対象外とします。 ・活動拠点（申請事業の実施場所）が東京都、神奈川県、千葉県、埼玉県、茨城県、栃木 　県、群馬県の関東1都6県にあるものとします。 ※難病患者及びその家族を支援している団体も対象に含みます。
助成金額 （総額）	半期1,500万円（予定）年2回公募
助成金額 （1件あたり）	1件（1団体）あたりの上限額（原則として）200万円。但し、福祉向上のために極めて効果の大きい場合はこの限りではありません。
申請手続き	（1）申込方法 　　申込には当財団所定の申請書に必要事項を記入のうえ、次の書類と共に必ず事務局 　　宛、ご郵送ください。申請書は、HPよりダウンロードしてください。 （2）提出書類（必須） 　　①提出書類チェックシート　②「助成金申請書」（所定の用紙）　③費用の根拠と 　　なるもの（見積書、カタログか図面等）④当年度の事業計画書・活動予算書　⑤所 　　轄庁提出済の直近3年間の事業報告書・活動計算書・貸借対照表・財産目録　⑥団 　　体資料（案内書か紹介記事等）　⑦定款か会則等　⑧役員か構成員 名簿　⑨その 　　他 ※全書類1部（wコピーでも可）をお送りください。 ※書類はホチキスで留めたり、穴を開けて綴らないでください。 ※見積書は2社以上お送りください。（設備工事や備品購入の場合は平面図も添付）
応募期間 及び応募締切	2021年7月1日から2021年8月31日（消印）
助成決定時期	選考結果については、2021年11月に申込団体全ての代表者様宛に通知予定です。
備　考	選考の結果、助成対象者となられた場合は、「（一般）助成金決定に関する承諾書」他を別途提出いただき、助成事業完了後1ヶ月以内に「完了報告書」と「収支報告書」等を提出していただきます。
提出書類	①定款・規約　●　②団体の予算書・決算書　●　③役員名簿　●　④団体資料（パンフレット）　● ⑤その他

	せいめいほけんきょうかい	
一般社団法人	**生命保険協会**	

住　所	１００－０００５	東京都千代田区丸の内３丁目４番１号

ＴＥＬ	０３－３２８６－２６４４	ＦＡＸ	０３－３２８６－２７３０
ホームページ	https://www.seiho.or.jp		
Ｅ－Ｍａｉｌ			

理念 事業の目的等	待機児童解消に向け、保健所、放課後児童クラブの受け皿拡大、質の向上に向けた取組みに対し助成を行う。
事業名	**子育てと仕事の両立支援に対する助成活動**
助成対象内容	保育施設、放課後児童クラブに対し、施設の受け皿拡大、質の向上に対する助成として、備品購入費、建築、設備工事費、コロナ対費を助成。
助成対象団体	保育施設、放課後児童クラブ
助成金額（総額）	２５００万円
助成金額（1件あたり）	保育施設―３５万円 放課後児童クラブ―２０万円
申請手続き	生命保険協会公式ＨＰより応募（ｗｅｂからの応募）
応募期間及び応募締切	２０２１年５月１８日～２０２１年６月３０日
助成決定時期	２０２１年１１月上旬
備考	
提出書類	①定款・規約　● 　②団体の予算書・決算書　●　 ③役員名簿　●　 ④団体資料（パンフレット）　● ⑤その他

- 61 -

一般財団法人 世田谷トラストまちづくり

せたがやとらすとまちづくり

住　　所	156-0043　東京都世田谷区松原6-3-5

TEL	03-6379-1621	FAX	03-6379-4233

ホームページ	https://www.setagayatm.or.jp/trust/fund/application.html
E-Mail	stm.301@setagayatm.or.jp

理念 事業の目的等	「公益信託　世田谷まちづくりファンド」は、「世田谷区を対象とした住みよい環境づくりにつながるまちづくり活動」に助成する制度です。活動のきっかけは、モノづくりや環境づくりに限らず幅広い動機や目的のものを含みますが、助成する活動は将来的にその成果が地域の住みよい環境づくりにつながるものを対象とします。
事業名	公益信託　世田谷まちづくりファンド
助成対象内容	【2021年度】 1．はじめの一歩部門 　　これからまちづくりの第一歩を踏み出そうとしているグループ活動を対象 2．まちづく利活動部門 　　住みよい環境づくりをめざす住民グループの様々なまちづくり活動を対象 3．U23チャレンジ部門 　　20代前半の人を主体としたグループの活動を対象 4．つながりラボ部門 　　社会状況の変化の中で、他者と協働し、暮らしの課題解決や新たな価値創造への実験的な活動に対して助成。すでに場（つながりラボ）を持っている活動を対象
助成対象団体	グループメンバーについて ①任意上の構成員であること。 ②代表者が、世田谷区内在住あるいは在勤、在学であること。
助成金額 （総額）	2021年度 1,100万円程度
助成金額 （1件あたり）	1．はじめの一歩部門　　　　　　一律5万円 2．まちづくり活動部門　　　　　5〜50万円 3．U23チャレンジ部門　　　　10万円以内 4．つながりラボ部門　　　　　　一律50万円
申請手続き	「応募の手続き」「応募用紙」の取り寄せ方法：三井住友信託銀行および当財団のホームページからダウンロード。インターネット環境の無い場合のみ、財団にて窓口配布。 申込方法：申請用紙に必要事項を記入のうえ、三井住友信託銀行へ郵送必着。
応募期間 及び応募締切	応募事前相談：2021年2月26日（金）〜4月2日（金） 応募受付：2021年4月5日（月）〜4月19日（金） ※「U23チャレンジ部門」のみ5月7日（金）締切
助成決定時期	1〜3は5月下旬から6月上旬 1・3は書類選考、2・4は公開審査会を開催
備　　考	U23チャレンジ部門は秋選考あり。詳しくはお問い合わせください。
提出書類	①定款・規約　●　②団体の予算書・決算書　●　③役員名簿　●　④団体資料（パンフレット）　● ⑤その他

せぶん-いれぶんきねんざいだん
一般財団法人 セブン-イレブン記念財団

住　所	１０２-８４５５　東京都千代田区二番町８番地８
ＴＥＬ	０３-６２３８-３８７２　　ＦＡＸ ０３-３２６１-２５１３
ホームページ	https://www.7midori.org
Ｅ-Ｍａｉｌ	

理念 事業の目的等	セブン-イレブン加盟店とセブン-イレブン本部が一体となって環境をテーマに社会貢献活動を行うことを目的に、１９９３年に前身となる「セブン-イレブンみどりの基金」が設立されました。２０１０年に一般財団法人セブン-イレブン記念財団へと移行し、その事業を継承しています。全国のセブン-イレブン店頭に寄せられたお客様からの募金とセブン-イレブン本部からの寄付金をもとに、地域に根差した環境市民団体の活動に対し「環境市民活動助成」を通じて積極的な支援を行っています。
事業名	環境市民活動助成 　１）ＮＰＯ基盤強化助成 　２）活動助成 　３）花と緑の助成 　４）清掃助成
助成対象内容	１）、２）共通 ①自然環境の保護・保全活動 ②野生動植物種の保護・保全活動 ③総合環境学習活動 ④暮らしの中のエコ活動 ３）緑化植花活動 ４）清掃活動
助成対象団体	１）「環境の保全を図る活動」が活動分野として認証され、かつ法人として３年以上の活動実績があるＮＰＯ法人 ２）～４）ＮＰＯ法人、一般社団法人、任意団体
助成金額 （総額）	１２６，４４１，１９９円（２０２１年度環境市民活動助成　決定総額）
助成金額 （1件あたり）	１）上限４００万円／年×原則３年間 ２）上限１００万円 ３）上限５０万円 ４）上限３０万円
申請手続き	申請書を当財団ホームページからダウンロード、またはＦＡＸにて郵送依頼してください。
応募期間 及び応募締切	２０２１年度環境市民活動助成　応募期間 １）、２）２０２０年１０月２６日～１１月１６日 ３）、４）２０２０年１０月　１日～１０月２１日
助成決定時期	２０２１年度環境市民活動助成 １）、２）２０２１年４月上旬 ３）、４）２０２１年３月中旬
備　考	詳細は当財団ホームページにてご確認ください。
提出書類	①定款・規約 ●　②団体の予算書・決算書 ●　③役員名簿 ●　④団体資料（パンフレット） ● ⑤その他　見積書

公益財団法人	そんぽかんきょうざいだん **SOMPO環境財団**
住　所	１６０−８３３８　東京都新宿区西新宿１−２６−１
ＴＥＬ	０３−３３４９−４６１４　　ＦＡＸ　０３−３３４８−８１４０
ホームページ	https://www.sompo-ef.org
Ｅ−Ｍａｉｌ	office@sompo-ef.org

理念 事業の目的等	１９９９年、損害保険ジャパン株式会社がＣＳＲ（企業の社会的責任）の一環として地球環境保全に資することを目的に設立した財団。環境分野における人材の育成、環境教育、環境保全活動や研究支援を行っている。
事業名	**環境保全プロジェクト助成**
助成対象内容	※以下の情報は２０２１年３月現在の予定であり、２０２１年度の募集情報は変更となる 　可能性があります。詳細はホームページをご確認ください。 次の３つの条件を満たすプロジェクトが対象となります。 ①活動の内容 　原則として、国内において「自然保護」「環境教育・普及啓発」「リサイクル」などの 　分野で、実践的活動を行うもの ②２０２１年度中に開始予定のもの（すでに開始されているプロジェクトも対象） ③継続性、発展性を持つプロジェクトであり、その成果が公益のために貢献するもの
助成対象団体	次の２つの条件を満たす団体を対象とする。 ①２０２１年１２月末時点で公益法人、ＮＰＯ法人または任意団体としての環境保全活動 　実績が２年以上あること ②助成対象となったプロジェクトの実施状況および収支状況について適正に報告できるこ 　と（助成実施後、活動報告書等を作成いただきます）
助成金額 （総額）	総額は３００万円程度を予定（１５件程度）
助成金額 （１件あたり）	１プロジェクトにつき２０万円を限度
申請手続き	募集開始と同時に財団ホームページの該当サイトに掲載しますのでダウンロードしてください。助成申請書と応募書類を同封のうえ、郵送してください。 Https://www.sompo-ef.org/project/project.html
応募期間 及び応募締切	２０２１年度は９月頃募集（１０月末締め切り）を予定
助成決定時期	２０２１年１２月末までに助成の可否を連絡予定
備　考	
提出書類	①定款・規約 ●　②団体の予算書・決算書 ●　③役員名簿 ●　④団体資料（パンフレット）● ⑤その他　プロジェクトに関する資料（写真等）

公益財団法人	そんぽふくしざいだん SOMPO福祉財団

住　所	160-8338　東京都新宿区西新宿1-26-1　損保ジャパン本社ビル
TEL	03-3349-9570　　　　FAX　03-5322-5257
ホームページ	https://www.sompo-wf.org/
E-Mail	office@sompo-wf.org

理念 事業の目的等	当財団は福祉及び文化の向上に資することを目的とし、社会福祉分野（主に障害者・高齢者福祉の増進に貢献すること）で活動する団体への助成を行っています。
事業名	社会福祉事業 （1）「NPO基盤強化資金助成(公募)」 （2）「自動車購入費助成(公募)」 （3）「海外助成(公募)」 （4）「介護福祉士養成のため奨学金の給付」
助成対象内容	社会福祉分野 （1）NPO基盤強化資金助成 　　①住民参加型福祉活動資金助成 　　②組織および事業活動の強化資金助成 　　③認定NPO法人取得資金助成 （2）自動車購入費助成 　　自動車を購入する費用の一部を助成 （3）海外助成 　　対象国に本部を置く社会福祉系非営利団体に助成 （4）介護福祉士養成のための奨学金の給付
助成対象団体	社会福祉事業 （1）NPO基盤強化資金助成 　　①5人以上で活動する営利を目的としない団体 　　②社会福祉分野で活動する特定非営利活動法人・社会福祉法人 　　③認定NPO法人の取得を計画している特定非営利活動法人 （2）自動車購入費助成 　　主として障害者の福祉活動を行うNPO法人 （3）海外助成 　　募集対象国に本部を置き、社会福祉分野で活動している非営利団体 　　※募集対象国に所在する日本企業の現地駐在員からの推薦が必要 （4）介護福祉士養成のための奨学金の給付 　　一定条件を充たす専門学校在学の学生・福祉系高等学校の生徒（新2年生）
助成金額 （総額）	（1）NPO基盤強化資金助成：1,900万円 　　【内訳】 　　①住民参加型福祉活動資金助成：450万円　※コロナ対応のため増額予定 　　②組織および事業活動の強化資金助成：1,000万円 　　③認定NPO法人取得資金助成：450万円 （2）自動車購入費助成：1,200万円 （3）海外助成：400万円 （4）奨学金事業：744万円
助成金額 （1件あたり）	（1）NPO基盤強化資金助成 　　①住民参加型福祉活動資金助成：30万円（上限） 　　②組織および事業活動の強化資金助成：70万円（上限） 　　③認定NPO法人取得資金助成：30万円 （2）自動車購入費助成：120万円（上限） （3）海外助成：100万円（上限） （4）奨学金事業：専修学校生1名年間36万円・福祉系高等学校生1名年間24万円
申請手続き	（1）（2）：財団のホームページからインターネットで申請 （3）：財団ホームページからメールで申請 （4）：指定校または在籍校経由の推薦で申請
応募期間 及び応募締切	（1）NPO基盤強化資金助成：①2021年6月　②・③2021年9月〜10月 （2）自動車購入費助成：2021年6月〜7月 （3）海外助成：2021年9月〜10月 （4）奨学金事業：2021年4月〜5月
助成決定時期	（1）①：9月（予定）

（1）②③：１１月（予定）
（2）：９月（予定）
（3）：１１月（予定）
（4）：６月（予定）

備　考	助成金の募集などの情報は、財団のホームページをご覧ください。
提出書類	①定款・規約 ●　②団体の予算書・決算書 ●　③役員名簿 ●　④団体資料（パンフレット）● ⑤その他

公益財団法人	だいどうせいめいこうせいじぎょうだん **大同生命厚生事業団**

住　所	５５０－０００２　大阪府大阪市西区江戸堀１－２－１
ＴＥＬ	０６－６４４７－７１０１　　　ＦＡＸ　０６－６４４７－７１０２
ホームページ	http://www.daido-life-welfare.or.jp
Ｅ－Ｍａｉｌ	info@daido-life-welfare.or.jp
理念 事業の目的等	人間優先の理念に基づき、生活環境の悪化等によりもたらされる健康被害の減少と防止を図る諸事業の助成等により、国民の健康の保持と増進に寄与することを目的とする。
事業名	１．「シニアボランティア活動助成」 ２．「ビジネスパーソンボランティア活動助成」
助成対象内容	下記の（１）～（３）のいずれかの活動を助成対象とします。 ①高齢者福祉に関するボランティア活動 ②障がい者福祉に関するボランティア活動 ③こども（高校生まで）の健全な心を育てる交流ボランティア活動 ※助成の対象にならないもの グループの事務所家賃、事務用パソコンの購入費用、ボランティアメンバーの飲食費および日当謝礼等直接ボランティア活動に要しない費用
助成対象団体	・「シニアボランティア活動助成」では、シニア（年齢満６０歳以上）が８０％以上のグループ。 また、過去５年以内（２０１６年～２０２０年）に当財団の助成を受けたグループは除く。 ・「ビジネスパーソンボランティア助成活動」では、ビジネスパーソン（会社員、団体職員、公務員、経営者、個人事業主）が８０％以上のグループ。
助成金額 （総額）	合計原則１，０００万円
助成金額 （１件あたり）	原則１０万円以内　内容が特に優れている場合は２０万円限度で助成
申請手続き	当財団のホームページより、申請書をプリントしてください。 必要事項を記入のうえ、郵送にて当財団まで申請してください。
応募期間 及び応募締切	２０２１年４月１日（木）～２０２１年５月２５日（火）当日消印有効
助成決定時期	２０２１年８月中旬までに、応募者へ文書により通知します。
備　考	
提出書類	①定款・規約　●　②団体の予算書・決算書　●　③役員名簿　●　④団体資料（パンフレット）　● ⑤その他　グループ名簿

公益財団法人	だいわしょうけんふくしざいだん **大和証券福祉財団**
住　所	104-0031　東京都中央区京橋1-2-1　大和八重洲ビル
TEL	03-5555-4640　　　FAX 03-5202-2014
ホームページ	http://www.daiwa-grp.jp/dsf/grant/
E-Mail	fukushi@daiwa.co.jp
理念 事業の目的等	本財団は、福祉、医療分野におけるボランティア団体の活動支援やボランティア精神の普及啓発活動等を行い、誰もがいつでもボランティア活動に参加できるよう環境整備を図ることにより、福祉の向上に資することを目的とします。
事業名	**ボランティア活動助成**
助成対象内容	①高齢者、障がい児者、子どもへの支援活動及びその他、社会的意義の高いボランティア活動 ②地震、豪雨等による大規模自然災害の被災者支援活動 その他助成対象内容の詳細については、当財団のホームページをご確認ください。
助成対象団体	ボランティア活動を行っているメンバーが5名以上で、かつ営利を目的としない団体 （任意団体、NPO法人、財団法人、社団法人、大学のボランティアサークル等）。 その他応募資格の詳細については、当財団のホームページをご確認ください。
助成金額 （総額）	総額　4,300万円
助成金額 （1件あたり）	上限金額　30万円
申請手続き	所定の「申請書」に都道府県、市区町村の社会福祉協議会（地区社協は除く）、行政（県庁等の各担当部署）、または全国の共同募金会の「窓口担当者」の方から、活動状況等に関するコメントをいただき、当財団事務局宛にご郵送ください。 申請書は、当財団のホームページよりダウンロードできます。
応募期間 及び応募締切	8月1日～9月15日　※当日消印有効
助成決定時期	12月中旬
備　考	詳細については、当財団のホームページをご確認ください。
提出書類	①定款・規約　●　②団体の予算書・決算書　●　③役員名簿　●　④団体資料（パンフレット）　● ⑤その他

	たから・はーもにすとふぁんど	
公益信託	**タカラ・ハーモニストファンド**	

住　所	６００－８００８　京都府京都市下京区四条通烏丸東入長鉾町２０　みずほ信託銀行京都支店内
ＴＥＬ	０７５－２１１－６２３１　　　　ＦＡＸ　０７５－２１２－４９１５
ホームページ	https://www.takarashuzo.co.jp/environment/
Ｅ－Ｍａｉｌ	kouekishintaku.kyotoshiten@mizuhotb.co.jp
理念 事業の目的等	以下の（１）～（３）の内容に関する実践的な活動及び研究に対して、助成を行います。 （１）日本国内の森林・草原・木竹等の緑を保護、育成するための活動または研究。 （２）日本国内の海・湖沼・河川等の水辺の良好な自然環境を整備するための活動または研究。 （３）日本国内の緑と水に恵まれた良好な自然環境の保全及び創出に資するための活動または 　　　研究。
事業名	**タカラ・ハーモニストファンド**
助成対象内容	（１）日本国内の森林・草原・木竹等の緑を保護、育成するための活動または研究。 （２）日本国内の海・湖沼・河川等の水辺の良好な自然環境を整備するための活動または研究。 （３）日本国内の緑と水に恵まれた良好な自然環境の保全及び創出に資するための活動または 　　　研究。
助成対象団体	（１）具体的に着手の段階にある活動・研究。 （２）営利を目的としない活動・研究。 （３）①個人の場合…助成金の使途が、助成の目的に沿って適確であり、当該事業に係わる施設 　　　　　の利用や助成金の使途等の面で本人あるいは親族など特別な関係のある者に特別の利 　　　　　益を与えない者。 　　　②任意の団体の場合…助成金の使途が助成の目的に沿って適確であり、代表者または管理 　　　　　者の定めのある団体で、役員その他機関の構成、選任方法、その他事業の運営に重要な 　　　　　事項が、特定の者、あるいは特別の関係者等の意志に従わずに、運営されている団体。 　　　　　また、特定の者等に利益を与えていない団体。
助成金額 （総額）	５００万円程度
助成金額 （１件あたり）	５０万円程度
申請手続き	所定の申請書を宝ホールディングスのホームページよりダウンロード、または事務局へ請求し、必要事項を記 入・捺印のうえ事務局宛に書留でお送りください。合わせてメールでも申請書をお送りいただき ます。
応募期間 及び応募締切	毎年２月上旬～３月末
助成決定時期	毎年５月下旬（贈呈は６月中旬）
備　考	要項は変更になる場合があります。
提出書類	①定款・規約　●　②団体の予算書・決算書　●　③役員名簿　●　④団体資料（パンフレット）　● ⑤その他

	ちゅうおうけいばうまぬししゃかいふくしざいだん	
公益財団法人	**中央競馬馬主社会福祉財団**	

住　所	１０５－０００１　東京都港区虎ノ門１丁目２番１０号　虎ノ門桜田通ビル２階
ＴＥＬ	０３－６５５０－８９６６　　ＦＡＸ　０３－６５５０－８９６７
ホームページ	http://www.jra-umanushi-hukushi.or.jp/
Ｅ－Ｍａｉｌ	

理念 事業の目的等	中央競馬の馬主の間で、自分たちの手で、かつ目に見える形で社会福祉に貢献したいという機運があり、これに併せて競馬に対する社会の認識を高めることを目的として、競馬賞金の一部を自主的に拠出することにより、昭和４４年１０月に設立されました。 　中央競馬の馬主その他の関係者の協力を得て、社会福祉事業その他の公益事業に対する助成を行い、もってわが国の社会福祉の向上と発展に寄与することを目的としています。
事業名	**（１）施設整備等助成事業** **（２）海外研修事業（２０２１年度は、コロナ感染症に伴う諸状況を鑑み、研修は見合わせ）**
助成対象内容	（１）施設整備等助成事業（昭和４４年より実施、直近年度の助成内容はホームページに掲載） 　　①備品等（福祉車両、送迎用車両、特殊浴槽等）の購入 　　②施設の設置、増改築及び各種修繕工事等 （２）海外研修事業（昭和４５年より実施、近年の研修内容はホームページに掲載） 　　外国の施設における実習を通じて専門的な知識・技能を習得し、我が国の社会福祉施設サービスの向上に資することを志向する民間社会福祉施設等の直接処遇職員に対する研修事業（期間は、本人の希望する３週間から２ヶ月以内（合同研修含む）
助成対象団体	（１）・社会福祉法人 　　　・社会福祉事業を行っている公益財団法人、公益社団法人等 　　　・社会福祉事業を行っている特定非営利活動（ＮＰＯ）法人 　　　　（所在地の社会福祉協議会の推薦を受ける必要があります） （２）・年齢２７歳以上５５歳以下 　　　・経験年数５年以上の者 　　　・研修する具体的テーマを有し、将来にわたり社会福祉業務に対する知見を深め、福祉業務を続ける意欲のある者 　　　・日常英会話能力を有する者
助成金額 （総額）	（１）４８４，０３０千円（２０２１年度） （２）２０２１年度は見合わせ
助成金額 （１件あたり）	（１）総事業費の４分の３以内 （２）１２０万円以内（財団が承認した期間に応じて、一人当たり滞在費１日１万円と旅費等６０万円以内の実費）
申請手続き	（１）中央競馬を開催する競馬場所在の都道府県にある施設の場合は当該馬主協会、又その他の県の施設は各県共同募金会が申請窓口となりますので、各窓口に相談のうえ、申請書類等を提出して下さい。 　　（申請書類は、当財団のホームページよりダウンロードして下さい。） （２）応募書類を直接当財団に送付してください。 　　（応募書類は、当財団のホームページよりダウンロードして下さい。）
応募期間 及び応募締切	（１）申請の受付期間は、申請窓口毎に異なりますので、申請する施設の所在する各都道府県の馬主協会又は各県共同募金会にお問い合わせ下さい（例年概ね４月～６月頃）。 （２）現時点未定　決定次第HP掲載
助成決定時期	（１）助成決定時期は、申請窓口毎に異なります。申請の後、各馬主協会・各県共同募金会及び当財団が審査を行い、申請者に対して助成金の交付額等を通知します（概ね７月～９月頃）。 （２）現時点未定　決定次第HP掲載
備　考	詳細につきましては、当財団のホームページをご覧いただくか、電話でお問い合わせ下さい。
提出書類	①定款・規約 ● ②団体の予算書・決算書 ● ③役員名簿 ● ④団体資料（パンフレット） ● ⑤その他　見積書、設計図、備品等のカタログ、ＮＰＯ法人の場合：各市区町村社会福祉協議会の推薦状が必要です。

中央労働金庫
ちゅうおうろうどうきんこ

住　所	101-0062　東京都千代田区神田駿河台2-5
TEL	03-3293-2048　　FAX　03-3293-2007
ホームページ	https://chuo.rokin.com/
E-Mail	npo@chuo-rokin.or.jp

理念 事業の目的等	中央ろうきんは、地域社会に存在する様々な課題や顕在化していない問題の解決のために新たな自主事業の開発と創造に取り組む市民活動団体を支えることで、誰もが生きるたのしみと、働くよろこびを享受できる地域社会の創造を目指しています。 この目的を実現するために＜中央ろうきん＞営業エリア1都7県を対象に、〜生きるたのしみ、働くよろこび〜をテーマとし最長3年の助成（※）を行います。 ※毎年の応募・選考がございます。
事業名	中央ろうきん助成制度"カナエルチカラ"〜生きるたのしみ、働くよろこび〜
助成対象内容	○新たな事業の立ち上げを応援します。 ○「生きるたのしみ」という面では、広く"ひと・まち・くらし"づくりに役立つ発想豊かな事業を想定しています。 ○「働くよろこび」という面では、働く／働きたい人が直面する"疾病治療・介護・子育て等と仕事の両立""働くことに困難を抱える若者や女性・高齢者の自立就労支援"など、多様な働く場・機会の創出に焦点を当てた事業を想定しています。 ◎特に、公的な補助や支援の対象とならない／なりにくい、自主的かつ先駆的な事業・活動を応援します。
助成対象団体	助成対象内容に取り組む市民活動団体で、以下のすべての要件を満たす団体。 （1）関東エリア1都7県（茨城、栃木、群馬、埼玉、千葉、東京、神奈川、山梨）を主たる活動の場とする団体であること。 ※上記エリア内で、広域的に活動を行なっている団体も歓迎します。 （2）民間の非営利団体で法人格を有すること（NPO法人、一般社団法人など）。 （3）応募時点で団体設立後1事業年度経過していること。 （4）新しい事業を立ち上げるための基礎的な力を有していること。 （5）団体の目的や活動内容が特定の政治・宗教に偏っておらず、反社会的な勢力とは一切関わっていないこと。
助成金額 （総額）	（参考：2020年度）1,200万円（助成1年目：800万円、助成2年目：400万円） ※金額は概算です。
助成金額 （1件あたり）	助成1年目：上限　50万円 助成2年目：上限　50万円 助成3年目：上限　100万円
申請手続き	応募用紙および提出資料を、郵送にてご提出ください（持込不可）。 応募用紙は、応募期間内に中央ろうきんホームページよりダウンロードいただけます。
応募期間 及び応募締切	2021年10月上旬〜下旬（予定）
助成決定時期	2022年3月下旬（予定）
備　考	
提出書類	①定款・規約 ●　②団体の予算書・決算書 ●　③役員名簿 ●　④団体資料（パンフレット）● ⑤その他　団体の事業報告書

	つなぐいのちききん
公益財団法人	**つなぐいのち基金**

住　所	１０３－００１６ 東京都中央区日本橋小網町8-2　ＢＩＺＭＡＲＫＳ日本橋茅場町２０９　法人管理事務局
ＴＥＬ	０３－６７５８－３９８０　　　　ＦＡＸ ０５０－３１５３－０２７９
ホームページ	https://tsunagu-inochi.org/
Ｅ－Ｍａｉｌ	info@tsunagu-inochi.org

理念事業の目的等	(理念)あなたの思いを次世代へ、つなぐこと、そして伝えること (目的) 本事業は、児童の社会的養護施設や養護施設に入居する児童、難病児、一人親・里親・貧困家庭の児童など、社会的ハンディキャップを抱える子どもたちを支援する団体や事業プロジェクト（以下、「児童支援団体」とする）に助成を行うことにより、児童の心身の健全な育成に貢献することを目的としてこの目的に合致した、優れた活動及び、これを推進する団体機関を支援するための助成先募集を行います。
事業名	**「くるくる基金助成」（冠基金）**
助成対象内容	児童福祉を目的とした、社会的ハンディを抱える子どもたちを対象とした支援事業、支援活動、支援のフロジェクト等。社会的なニーズ・関心事や「新しい社会的養育ビジョン」を鑑み、以下の３つのポイントの関連の事業については、選考時の重点項目として評価を加算する設定。 「里親制度等家庭的養護の推進」「子どもの居場所・地域コミュニティによる困難家庭の子どもサポート事業の継続のための支援」「多世代の交流・相互支援、および新たな支援の担い手の育成に関する事業」 with、afterコロナの子どもたちの子どもの居場所の支援助成です。 緊急コロナ対策ではなく、中長期の視点での地域の子どもたちの成長、健全な育成のための素敵なアイデアを募集する助成となります（除菌グッズなどのコロナ対策は使途の対象外となります）。
助成対象団体	（１）日本国内を活動の場とする、下記のいずれにも該当する団体であること 　　１．社会福祉法人、ＮＰＯ法人、任意団体等（ＮＧＯ)やボランティア団体等) 　　２．活動開始後１年以上の活動実績を有する団体(申請時点) 　　３．法人の場合は、基準日:令和３年４月３０日時点で登記が完了していること。 （２）次のいずれかの活動を行う団体であること 　　１．子どもたちが地域社会などと関わりながら、より人間らしく健全に成長できるための直接支援活動 　　２．単発的レクリエーションではなく、社会的ハンディを抱えた子どもたちの中長期的生育環境改善活動 　　３．助成によりどのような点が充実、発展するのか、成果(課題明確化含む)が明確である活動 　　４．新たな子どもの支援についての調査・研究、啓発活動など
助成金額（総額）	９０万円
助成金額（1件あたり）	上限は５０万円 但し複数団体でのコレクテイプ・インパクトを意識した応募の場合は団体３０万円団体数(最大１５０万円まで)が上限額となります。
申請手続き	手順１要綱の最下段にある「助成金仮申込書フォーム」よりエントリーをしてください。 　　※こちらのベージのフォームは仮エントリーです。 　　下記の手順２の「正式申請」により正式な応募となりますのでご注意ください。 　　▼エントリー登録確認通知の自動返信メールにて送信されます。 　　自動返信メールには「２０２１年度つなぐ申請書兼報告書」Ｅｘｃｃ１ファイルが添付されています。 　　▼ 手順２「正式申請」メールを送信ください 　・２０２１年度つなぐ申請書兼報告書」ファイルに必要事項を入力し 　・その他の必要な資料(自動返信メール内の必要書類をご確認ください)を併せて添付の上メール件名を「【２０２１つなぐ助成正式申請】十貴団体名」としてメールアドレスentry@tsunagu-inochi.org　助成選定委員会事務局宛に送信ください。
応募期間及び応募締切	２０２１年５月８日（土）～２０２１年６月２７(日)１７：００まで （仮申込エントリーは６月２５日（金）２３：５９まで)
助成決定時期	２０２１年７月 ※「助成応募申請書」の個別の着信確認は応じることができませんので、あらかじめご了

承ください。
助成金の交付は２０２１年８月を予定してます。

備　考	下記の申請用紙ですが、仮申請にＥｘｃｅｌファイルにお送りするもの形能となっておりますので申し訳ありませんが書面の添付は控えさせていただきます。
提出書類	①定款・規約 ○　②団体の予算書・決算書 ◉　③役員名簿 ○　④団体資料（パンフレット）○ ⑤その他　申請事業に関する補足資料

公益財団法人	つなぐいのちききん

公益財団法人 つなぐいのち基金

住　所	１０３－００１６	東京都中央区日本橋小網町８－２　ＢＩＺＭＡＲＫＳ日本橋茅場町２０９　法人管理事務局

ＴＥＬ	０３－６７５８－３９８０	ＦＡＸ	０５０－３１５３－０２７９

ホームページ	https://tsunagu-inochi.org/
Ｅ－Ｍａｉｌ	info@tsunagu-inochi.org

理念 事業の目的等	(理念)あなたの思いを次世代へ、つなぐこと、そして伝えること (目的) 本事業は、児童の社会的養護施設や養護施設に入居する児童、難病児、一人親・里親・貧困家庭の児童など、社会的ハンディキャップを抱える子どもたちを支援する団体や事業プロジェクト(以下、「児童支援団体」とする)に助成を行うことにより、児童の心身の健全な育成に貢献することを目的としてこの目的に合致した、優れた活動及び、これを推進する団体機関を支援するための助成先募集を行います。
事業名	「つなぐ助成」（通常助成）
助成対象内容	児童福祉を目的とした、社会的ハンディを抱える子どもたちを対象とした支援事業、支援活動、支援のプロジェクト等。社会的なニーズ・関心事や「新しい社会的養育ビジョン」を鑑み、以下の３つのポイントの関連の事業については、選考時の重点項目として評価を加算する設定。 「里親制度等家庭的養護の推進」「子どもの居場所・地域コミュニティによる困難家庭の子どもサポート事業の継続のための支援」「多世代の交流・相互支援、および新たな支援の担い手の育成に関する事業」 何らかのハンディキャップを抱える子どもたちの支援をするための助成
助成対象団体	（１）日本国内を活動の場とする、下記のいずれにも該当する団体であること 　　１．社会福祉法人、ＮＰＯ法人、任意団体等（ＮＧＯやボランティア団体等) 　　２．活動開始後１年以上の活動実績を有する団体(申請時点) 　　３．法人の場合は、基準日：令和３年４月３０日時点で登記が完了していること。 （２）次のいずれかの活動を行う団体であること 　　１．子どもたちが地域社会などと関わりながら、より人間らしく健全に成長できる 　　　　ための直接支援活動 　　２．単発的レクリエーションではなく、社会的ハンデを抱えた子どもたちの中長期 　　　　的生育環境改善活動 　　３．助成によりどのような点が充実、発展するのか、成果(課題明確化含む)が明確 　　　　である活動 　　４．新たな子どもの支援についての調査・研究、啓発活動など
助成金額 （総額）	１５０万円
助成金額 （１件あたり）	上限は５０万円 但し複数団体でのコレクテイプ・インパクトを意識した応募の場合は団体３０万円×団体数(最大１５０万円まで)が上限額となります。
申請手続き	手順１要綱の最下段にある「助成金仮申込書フォーム」よりエントリーをしてください。 　　※こちらのページのフォームは仮エントリーです。 　　下記の手順２の「正式申請」により正式な応募となりますのでご注意ください。 　　▼エントリー登録確認通知の自動返信メールにて送信されます。 　　自動返信メールには「２０２１年度つなぐ申請書兼報告書」Ｅｘｃｅｌファイル 　　が添付されています。 　　▼ 手順２「正式申請」メールを送信ください 　　・２０２１年度つなぐ申請書兼報告書」ファイルに必要事項を入力し 　　・その他の必要な資料(自動返信メール内の必要書類をご確認ください)を併せて添付 　　の上メール件名を「【２０２１つなぐ助成正式申請】十貴団体名」として 　　メールアドレスentry@tsunagu-inochi.org助成選定委員会事務局宛に送信ください。
応募期間 及び応募締切	２０２１年５月８日（土）～２０２１年６月２７日(日) １７：００まで （仮申込エントリーは６月２５日（金）)２３：５９まで)
助成決定時期	２０２１年７月 　　※「助成応募申請書」の個別の着信確認は応じることができませんので、あらかじめ 　　ご了承ください。 　　助成金の交付は２０２１年８月を予定してます。

備 考	下記の申請用紙ですが、仮申請後にＥｘｃｅｌファイルにてお送りするもの形態となっておりますので、申し訳ありませんが書面の添付は控えさせていただきます
提出書類	①定款・規約 ● ②団体の予算書・決算書 ● ③役員名簿 ● ④団体資料（パンフレット） ● ⑤その他 申請事業に関する補足資料

	てれびあさひふくしぶんかじぎょうだん	
社会福祉法人	テレビ朝日福祉文化事業団	

住　所	１０６−８００１	東京都港区六本木６−９−１　森タワー１００６号

TEL	０３−６４０６−２１９５	FAX	０３−３４０５−３７９７

ホームページ	http://www.tv-asahi.co.jp/fukushi/
E−Mail	fukushi@tv-asahi.co.jp

理念 事業の目的等	テレビ朝日福祉文化事業団は１９７７年にテレビ朝日が母体となって、幅広い社会福祉活動を行うことを目指し、民間放送局では初めての社会福祉法人として設立されました。 発足以来、テレビ朝日と連携して「児童福祉」「高齢者福祉」「母子福祉」「障がい者福祉」の分野で、時代の要請に応える社会福祉事業に取り組んでおります。
事業名	学習支援活動他、HP参照
助成対象内容	設立理念に合わせて
助成対象団体	設立理念に合わせて
助成金額 （総額）	２，０００万〜３，０００万
助成金額 （1件あたり）	随時
申請手続き	随時
応募期間 及び応募締切	随時
助成決定時期	随時
備　考	
提出書類	①定款・規約　●　②団体の予算書・決算書　●　③役員名簿　●　④団体資料（パンフレット）　● ⑤その他　随時

とうきゅうざいだん

公益財団法人 東急財団

住　所	１５０－８５１１　東京都渋谷区南平台町５－６
ＴＥＬ	０３－３４７７－６３０１　　　ＦＡＸ　０３－３４９６－２９６５
ホームページ	http://foundation.tokyu.co.jp
Ｅ－Ｍａｉｌ	env@tkk.tokyu.co.jp
理念 事業の目的等	本財団は、研究助成、啓発活動を通じて、多摩川及びその流域における環境の保全・改善を促進し、調和のある社会活動と快適な住生活の保持に供するとともに、地域住民の福祉の向上に寄与することを目的とする。
事業名	**多摩川及びその流域の環境保全・改善に関する調査・試験研究助成事業**
助成対象内容	研究対象テーマ ＊産業活動または住生活と多摩川及びその流域との関係に関する調査および試験研究 ＊排水・廃棄物等による多摩川の汚染の防除に関する調査および試験研究 ＊多摩川及びその流域における水の利用に関する調査、試験研究 ＊多摩川を取り巻く自然環境の保全または回復に関する調査、試験研究 ＊シンポジウム、音楽会あるいは出版等による環境啓発活動や、歴史的な遺産あるいは社会 　システムの維持保全・回復運動等、多摩川及びその流域における環境保全や文化の創造に 　幅広く寄与するもの
助成対象団体	学識経験者の方はもちろん、一般の方でも研究に意欲のある方であれば、どなたでもご応募いただけます。（申請の名義および助成の対象は「個人」です。）
助成金額 （総額）	２，５００万円
助成金額 （1件あたり）	学術研究　最長２ヶ年1研究４００万円(単年度上限額２００万円) 一般研究　最長２ヶ年1研究１００万円(単年度上限額１００万円)
申請手続き	当財団所定の申請書に必要事項を記入、捺印の上、財団宛ご提出ください。 「募集要項」「申請書」は公式ウェブサイト上からもダウンロードできます。
応募期間 及び応募締切	応募期間：２０１９年９月1日～２０２０年1月２０日 応募締切日：２０２０年1月２０日
助成決定時期	２０２０年３月中旬
備　考	＊研究費の実費が助成対象、従って研究者の人件費は対象外。 ＊調査フィールドは原則、多摩川及びその流域。 ＊団体の活動費は対象外。 ※掲載しているのは、前回の募集要領です。 　助成内容の見直しに伴い、２０２１年度は新規の募集を中止しております。 　改定後の募集要領は、決定次第、財団公式ホームページに掲載いたします。
提出書類	①定款・規約　●　②団体の予算書・決算書　●　③役員名簿　●　④団体資料（パンフレット）　● ⑤その他

とうきょううぃめんずぷらざ
東京ウィメンズプラザ

住　所	150-0001	東京都渋谷区神宮前5-53-67

TEL	03-5467-1980	FAX	03-5467-1977

ホームページ	http://www1.tokyo-womens-plaza.metro.tokyo.jp/
E-Mail	wkoza@tokyo-womens-plaza.metro.tokyo.jp

理念 事業の目的等	東京ウィメンズプラザでは、配偶者暴力（DV）の防止等に関する民間の自主的な活動を支援するため、事業費の一部を助成するほか、専門の知識や経験を持つアドバイザーを派遣し、人材育成を支援します。
事業名	配偶者暴力防止等民間活動助成事業
助成対象内容	1．自主活動・施設の安全対策等への助成 　（1）単独団体で行う事業（単独事業） 　　　ア．シェルター、ステップハウス、相談室等のDV被害者支援施設の安全対策、設備等の充実に関する事業に係る経費 　　　イ．DVの問題の解決に寄与する実践的活動、普及啓発活動等の事業に係る経費 　（2）複数団体で連携して行う事業（複数事業） 　　　被害者への同行支援事業等、連携によりDV被害者のニーズに応じたきめ細やかな支援が可能になる事業に係る経費 2．アドバイザーの派遣 　　DV被害者支援等を行っている民間団体等に対し、専門的な経験や知識を有するアドバイザーを派遣し、相談員のカウンセリング技術や被害者支援に係る知識の向上等人材の育成を支援します。
助成対象団体	原則として、都内に主な事務所があり、都内を拠点として事業を実施している民間団体・グループ。ただし、事業の内容によっては、都内に在住又は在勤の個人も対象となります。
助成金額 （総額）	
助成金額 （1件あたり）	＜単独事業＞　助成事業に係る経費の2分の1以内、100万円限度（DV被害者への同行支援事業については、150万円限度） ＜複数事業＞　次の（1）及び（2）の申請、又は（1）のみの申請を受け付けます。 　（1）コーディネーター人件費等連携に係る経費の2分の1以内、100万円限度 　（2）事業実施に係る経費の2分の1以内、100万円限度（DV被害者への同行支援事業については、150万円限度） 　※アドバイザーの派遣については、謝金を東京都が負担します。
申請手続き	募集案内及び申請書等を、東京ウィメンズプラザのホームページに掲載しております。
応募期間 及び応募締切	令和3年4月30日（金曜日）必着
助成決定時期	令和3年7月上中旬を予定。※審査の状況により、前後する可能性があります。
備　考	詳細はホームページでもお知らせしております。 Http://www1.tokyo-womens-plaza.metro.tokyo.jp/aid/tabid/72/Default.aspx
提出書類	①定款・規約 ●　②団体の予算書・決算書 ●　③役員名簿 ●　④団体資料（パンフレット）● ⑤その他　印鑑登録証明書原本、企画書等

公益財団法人	とうきょうしちょうそんじちちょうさかい **東京市町村自治調査会**

住　所	183-0052　東京都府中市新町2-77-1　東京自治会館4階

TEL	042-382-7781	FAX	042-384-6057
ホームページ	https://www.tama-100.or.jp/		
E-Mail			

理念 事業の目的等	21世紀の多摩地域を先導するまちづくり運動として多摩新時代の創造を目指した「TAMAらいふ21」の成果を継承・発展させることにより、多摩地域の市民の交流活動（広域的市民ネットワーク活動）を推進し、多摩地域全体の地域活性化を図る。 ※広域的市民ネットワークとは 　多摩地域において、市町村別に本拠地を異にする2以上の市民団体が連携して行う場合、又は特定の市町村に偏らない2以上の市町村の住民によって構成される市民団体が行う活動であって、その活動対象地域が2以上の市町村にわたるものをいう。
事業名	**（A）広域的市民ネットワーク活動等事業助成** **（B）広域的市民ネットワーク活動支援**
助成対象内容	広く多摩地域の市民を対象として市民団体が主体的、創造的に取り組む普及啓発事業、実践活動事業、調査活動事業及びこれらに類する事業であって、広域的市民ネットワーク活動の発展や、西多摩林間地域の振興につながることが期待できるものに助成を行う。
助成対象団体	（A）広域的市民ネットワーク活動等事業助成 　・本拠地が原則として多摩地域にあり、多摩地域で活動している団体（西多摩地域振興事業活動にあっては、団体の本拠地が原則として西多摩林間地域内にあり、当該地域で活動している団体）であること 　・過去の活動実績（原則1年以上）が明らかであり、今後、発展していくことが期待できる団体であること 　・活動目的や内容が明確であり、10名以上の多摩地域の住民で構成されていて、代表者や会計責任者が特定されている団体であること 　・政治活動、宗教活動及び営利活動を目的とする団体でないこと （B）広域的市民ネットワーク活動支援 　・新たに広域的な市民ネットワークを形成しようとしている又は拡大強化を志向している団体であること 　・多摩地域の広域的課題をテーマとしている団体であること 　・本拠地が多摩地域内にあり、多摩地域を活動区域とする団体であること 　・政治活動、宗教活動及び営利活動を目的とする団体でないこと
助成金額 （総額）	（A）広域的市民ネットワーク活動等事業助成　未定 （B）広域的市民ネットワーク活動支援　　　　240万円程度
助成金額 （1件あたり）	（A）広域的市民ネットワーク活動等事業助成 　　1団体につき1年度あたり120万円以内を助成する。 　　①助成対象事業費が100万円まで……50％ 　　②助成対象事業費が100万円を超える分は……10％ 　　①②を合算し、1万円未満を切り捨てた額を助成額とする。 （B）広域的市民ネットワーク活動支援 　　1団体につき1年度あたり30万円以内を助成する。 　　助成対象事業費の60％で1万円未満を切り捨てた額を助成額とする。
申請手続き	（A）（B）共通：当調査会のホームページよりダウンロードしていただくか、多摩交流 　　　　　　　　センター（東京都府中市寿町1-5-1　府中駅北第2庁舎6階）へ 　　　　　　　　お越しください。
応募期間 及び応募締切	（A）広域的市民ネットワーク活動等事業助成　2022年度助成分については、 　　　2021年10月下旬に説明会を行い、申請を受け付けます。（予定） （B）広域的市民ネットワーク活動支援　随時 　　　※事業実施日の2カ月ほど前までに申請してください。 　　　※助成を申請する場合は、事前相談が必要です。
助成決定時期	（A）広域的市民ネットワーク活動等事業助成　2022年3月末（予定） （B）広域的市民ネットワーク活動支援　　　　随時

備 考	詳細については（A）（B）それぞれの手引きをご覧下さい。			
提出書類	①定款・規約 ◉　②団体の予算書・決算書 ◉　③役員名簿 ◉　④団体資料（パンフレット）◉ ⑤その他　団体の活動実績に関する書類			

社会福祉法人	とうきょうときょうどうぼきんかい 東京都共同募金会

住 所	169-0072　東京都新宿区大久保3-10-1　東京都大久保分庁舎201

TEL	03-5292-3183	FAX	03-5292-3189

ホームページ	http://www.tokyo-akaihane.or.jp/
E－Mail	haibun@tokyo-akaihane.or.jp

理念 事業の目的等	地域福祉の推進を図るため、寄附金を区域内の社会福祉を目的とする事業を経営する者に配分することを目的とする。
事業名	共同募金事業
助成対象内容	社会福祉を目的とする事業、並びに防災・災害対策事業
助成対象団体	＊第一種・第二種の社会福祉事業及び更生保護事業 ＊その他、社会福祉を目的とする事業（国及び地方公共団体を除く） ＊前項に準ずる施設、団体で、各地区配分推せん委員会及び配分委員会並びに理事会が特に必要と認めるもの。
助成金額 （総額）	8億円（予定）
助成金額 （1件あたり）	①地域配分：上限額10万～30万円 　　　　　　（但し、地区配分推せん委員会設置地区はその配分基準による） ②全都配分：上限額30万～（業種・事業により異なる）
申請手続き	①地域配分：ホームページより申請書をダウンロードする。 ②全都配分：直接共同募金会に相談。
応募期間 及び応募締切	①地域配分：締切8月31日（但し、地区配分推せん委員会で受付される地区はその提出期限による） ②全都配分：第1次相談受付締切＝6月4日／第2次相談受付締切＝12月17日
助成決定時期	①地域配分：配分決定　　3月 ②全都配分：配分決定　　第1次＝9月／第2次＝3月
備 考	配分金補助率 ①地域配分：原則的に当該総事業費の75％以内 　　　　　　（地区配分推せん委員会設置地区はその配分基準による。但し、75％を超えない。） ②全都配分：当該総事業費の75％以内（業種・事業により異なる）
提出書類	①定款・規約 ● 　②団体の予算書・決算書 ● 　③役員名簿 ● 　④団体資料（パンフレット）● ⑤その他　　申請事業の内容を示すもの 　　　　　　（※申請ご希望の場合は、初めにお電話にてお問い合せをお願いします。）

公益財団法人 東京都公園協会

住　所	160-0021　東京都新宿区歌舞伎町2-44-1　東京都健康プラザ「ハイジア」10階
TEL	03-3232-3099
FAX	03-3232-3069
ホームページ	https://www.tokyo-park.or.jp/profile/
E-Mail	midorinokikin@tokyo-park.or.jp

理念 事業の目的等	都市緑化を進めるボランティア団体の育成と、次世代の担い手である小・中学生の緑化意識の普及を目的として、花壇・庭づくりなどの緑化活動に対する助成金や材料支給による支援及び活動への助言などを行う。
事業名	**花壇・庭づくり活動支援事業**
助成対象内容	助成金の使途は、花壇・庭づくりや野草・樹木保護、小・中学校での緑化活動に必要な苗、土、肥料その他資材費とする。助成金によりがたい場合は、材料支給による支援も可能。 印刷費、交通費、送料、保険料などの事務費や委託費（報酬を払い他人に頼む作業）、またはスプリンクラーや台車などの備品、殺虫剤等の薬剤の購入代金は助成対象外。
助成対象団体	以下の条件を満たす事業を、助成対象とします。 １．ボランティア団体などによる公共的な場所での活動もしくは小・中学校での総合的な学習の時間などにおける緑化活動であること。（※都立公園内での活動は対象外） ２．活動場所の所有者の許可を得ていること。令和3年度中に活動を行っている、または、行う予定があること。 ３．東京都内の、都市計画法第7条に基づく市街化区域に立地する場所での活動であること。
助成金額 （総額）	2020年度は、4,867千円
助成金額 （1件あたり）	同一団体及び学校への支援期間は通算3年間とし、上限額は、初年度10万円、2・3年目は5万円まで。材料支給による支援も可能。
申請手続き	【申込方法】 2021年度は6月上旬頃から募集開始。郵送にて必要書類を提出。令和3年7月20日（火）必着。 募集要項、各種申請様式は「花壇・庭づくり支援事業」のホームページからダウンロード可能。 花壇・庭づくり支援事業URL https://www.tokyo-park.or.jp/profile/promotion/garden/index.html 【提出先】 〒160-0021 東京都新宿区歌舞伎町2-44-1　東京都健康プラザ「ハイジア」10階 公益財団法人東京都公園協会　公益事業推進課　緑の基金担当　宛て
応募期間 及び応募締切	2021年度は6月上旬頃～令和3年7月20日（火）※必着
助成決定時期	2021年10～11月頃（予定）
備　考	
提出書類	①定款・規約　●　②団体の予算書・決算書　○　③役員名簿　●　④団体資料（パンフレット）　● ⑤その他　　6月上旬に頃HP掲載予定の申請要綱を参照

公益財団法人	とうきょうとふくしほけんざいだん **東京都福祉保健財団**

住　所	１６３－０７１８　東京都新宿区西新宿２丁目７番１号　小田急第一生命ビル１８階
ＴＥＬ	０３－３３４４－８５３５　　　　　ＦＡＸ　０３－３３４４－７２８１
ホームページ	http://www.fukushizaidan.jp/313kosodate/index.html
Ｅ－Ｍａｉｌ	kosodateouen@fukushizaidan.jp
理念 事業の目的等	公益財団法人東京都福祉保健財団（以下「財団」という。）では、社会全体で子育てを支えるため、都からの出えんと都民等からの寄附による「子供が輝く東京・応援基金」を活用し、ＮＰＯや企業等による結婚、子育て、学び、就労までのライフステージに応じた取組みに助成を行います。また、その取組の効果を広く普及していきます。
事業名	**子供が輝く東京・応援事業**
助成対象内容	〈助成事業〉 　新たに実施する事業を対象とした【定額助成（新たな取組へのチャレンジ）】と、既存事業のレベルアップにつながる事業を対象とした【成果連動型助成（既存の取組のレベルアップ）】の２種類の助成を実施します。 〈対象事業〉 ア　地域の資源等を活用した結婚支援 イ　妊娠、出産、育児期における親や子供に対する支援 ウ　多世代交流や地域との連携等による子育て支援 エ　病気や障害等を抱える子供への支援 オ　社会的養護に係る取組 カ　学齢期の子供に対する各種支援 キ　若者が社会的に自立した生活を営むための支援
助成対象団体	都内に本社又は事務所を有する法人（定款、登記簿謄本により、法人格を持つことが確認できることなど、一定の要件あり）。 複数の法人や団体で構成される共同体による応募（共同提案）も可能とし、その場合、主たる法人（代表法人）が一定の要件を満たす必要がある。
助成金額 （総額）	２００，１６１，０００円　２０２１年度助成予算額
助成金額 （1件あたり）	ア　【定額助成（新たな取組へのチャレンジ）】（助成期間：最大３か年度） 　　１，０００万円または助成対象と認められた経費のうち、いずれか低い額 　　（最大１，０００万円助成） イ　【成果連動型助成（既存の取組のレベルアップ）】（助成期間：最大２か年度） 　　２，０００万円または助成対象と認められた経費のうち、いずれか低い額に助成率 　　（成果に応じて１／４～３／４に変動）を乗じた額（最大１，５００万円助成）
申請手続き	・申請書類（財団ホームページよりダウンロード）を作成し、書留など配達記録が残る方法で送付。 ・書類審査及び総合審査（プレゼンテーションによる審査）を経て、助成対象事業者を決定。
応募期間 及び応募締切	（２０２０年度の場合） ア　【定額助成（新たな取組へのチャレンジ）】 　　２０２０年７月６日～８月５日 イ　【成果連動型助成（既存の取組のレベルアップ）】 　　２０２０年１１月２日～１２月３日
助成決定時期	（２０２０年度の場合） ア　【定額助成（新たな取組へのチャレンジ）】 　　２０２０年１０月上旬 イ　【成果連動型助成（既存の取組のレベルアップ）】 　　２０２１年３月上旬
備　考	今後の公募説明会開催時期などにつきましては、決まり次第財団ホームページに掲載いたします
提出書類	①定款・規約●　②団体の予算書・決算書●　③役員名簿●　④団体資料（パンフレット）● ⑤その他　登記簿謄本または登記事項証明書等の写し、事業報告書、プレゼンテーション資料

とうきょうぼらんてぃあ・しみんかつどうせんたー **東京ボランティア・市民活動センター**	

住　所	１６２－０８２３　東京都新宿区神楽河岸１－１　セントラルプラザ１０階
ＴＥＬ	０３－３２３５－１１７１　　　　ＦＡＸ　０３－３２３５－００５０
ホームページ	https://www.tvac.or.jp/
Ｅ－Ｍａｉｌ	office@tvac.or.jp

理念 事業の目的等	東京都内におけるボランティア・市民活動の開発・発展を通じて市民社会の創造をめざすために、地域住民や民間団体のボランティア・市民活動に対し必要な資金の助成を行います。
事業名	**ボランティア・市民活動支援総合基金　ゆめ応援ファンド助成**
助成対象内容	下記の①～⑥のいずれかの事業で、助成該当年度に実施するものを助成の対象とします。ただし、⑤についてのみ３年間までの継続的な事業について助成（＝継続助成）の申請ができます。 ①学習会・研修会の開催　　　②調査・研究の実施 ③器具・器材の開発・購入　　④活動にかかわる市民への啓発の実施 ⑤ボランティア・市民活動団体による先駆的・モデル的活動　　⑥その他 ＜助成対象にならないもの＞ ・申請する事業について、他の機関から助成を受けている場合 ・すでに終了した事業や購入した器具・器材（財源不足分の補てん） ・グループ・団体の日常的な経費（消耗品費、事務用パソコン購入費、家賃、駐車場料金、 　電話・ファックス使用料、材料費、スタッフ人件費、会員への謝金、交通費など） ・グループ・団体の定例化した事業・活動 ・自助活動と判断されるもの（周年記念の集いや記念誌作成など） ・高額の器具・器材で、一部助成しても、購入の見込みが立たないもの ・継続的な事業で、一度助成しても次回からの見通しが立ちにくいもの ・グループ・団体の主たる活動範囲が東京都外のもの ・政治・宗教を主たる活動とする団体の活動 ※本基金の趣旨に基づき、開発的（新しい）・発展的（広がる・深まる）内容や効果が期待できると評価された申請を優先的に助成対象とします。
助成対象団体	・ボランティア・市民活動団体 ・ボランティア・市民活動を推進している民間非営利団体（中間支援組織含む） ※法人格の有無は問いません。 ※一般社団法人については、剰余金の分配を行わないことが定款に明記されている「非営利型 　一般社団法人」のみを対象としています。
助成金額 （総額）	６，１７０，０００円（２０２１年度交付分）
助成金額 （１件あたり）	・１件につき、原則として５０万円以内。 ・ボランティアグループによる先駆的・モデル的活動の継続助成については、１年につき、 　５０万円を限度とします。
申請手続き	所定の「ゆめ応援ファンド助成申請書」に必要事項を記入の上、郵送で、東京ボランティア・市民活動センターまで申請して下さい。 応募は１グループ・団体につき１件のみ有効です。
応募期間 及び応募締切	２０２１年１２月～２０２２年１月（２０２２年度交付分）※当日消印有効 ※現時点での予定です。
助成決定時期	ゆめ応援ファンド配分委員会にて厳正な審査の上、『ボラ市民ウェブ』上で公表し、あわせて３月中旬頃に結果を直接グループ・団体あてに通知します。助成が決定した場合には、４月中旬頃に助成金を交付する予定です。
備　考	
提出書類	①定款・規約 ●　②団体の予算書・決算書 ●　③役員名簿 ●　④団体資料（パンフレット）● ⑤その他　・器具・器材の購入や印刷等を業者に発注する場合は、見積書と購入物のパンフレットを添付して下さい。 　　　　　・見積書は、実際に購入・依頼する業者に、実質価格（割引後の金額）で作成してもらって下さい。 　　　　　・法人格を有する団体は、定款の添付が必須です。

TOTO株式会社
とーとーかぶしきがいしゃ

住　所	８０２－８６０１　福岡県北九州市小倉北区中島２－１－１
ＴＥＬ	０９３－９５１－２０５２
ＦＡＸ	０９３－９５１－２７１８
ホームページ	https://jp.toto.com/
Ｅ－Ｍａｉｌ	

理念 事業の目的等	このプログラムは、水とくらしの関係を見直し、再生することをめざした創造的な取り組みを助成します。これにより、地域で暮らす人たちがともに水とくらしの多様な関係を学び、これからの水とくらしの望ましい関係を考え、それぞれの地域の特徴を活かした、新しい仕組みや事業を創りだす契機となることを期待します。
事業名	**ＴＯＴＯ水環境基金**
助成対象内容	内容については、TOTOホームページをご参照下さい。
助成対象団体	（１）営利を目的としない市民活動団体（法人格の有無や種類を問わない） （２）目的や内容が、特定の宗教や政治などに偏っていない団体 （３）暴力団、暴力団員、暴力団関係者他、反社会的勢力等と交際、関係がない団体
助成金額 （総額）	未定
助成金額 （1件あたり）	未定
申請手続き	（１）応募方法 　　応募書類(所定の書式)に必要事項をご記入の上、郵便または宅配便にてお送りください。 （２）応募書類の入手方法 　　・ＴＯＴＯのウェブサイトからダウンロード 　　　（https://jp.toto.com/company/csr/environment/mizukikin/） 　　・郵送を希望される場合（ＦＡＸにてお申込みください） 　　　＜記載項目＞　郵便番号、住所、団体名、ご担当者、電話番号
応募期間 及び応募締切	２０２１年秋頃（TOTOホームページご参照下さい）
助成決定時期	２０２２年２月頃
備　考	＜ご参考＞過去の助成金額（第1回〜１６回） 　合計：３９，１７８万円（２８１団体） 　国内：２４，８０１万円（２２８団体） 　海外：１４，３７７万円　（５３団体）
提出書類	①定款・規約　●　②団体の予算書・決算書　●　③役員名簿　●　④団体資料（パンフレット）　● ⑤その他　活動場所の位置図・現状写真、前年度収支決算・事業報告、今年度収支予算・事業計画

公益財団法人	**とじりょっかきこう** **都市緑化機構（調査研究活動助成）**

住　所	１０１－００５１	東京都千代田区神田神保町３－２－４　田村ビル２F

TEL	０３－５２１６－７１９１	FAX	０３－５２１６－７１９５

ホームページ	https://urbangreen.or.jp/
E－Mail	info@urbangreen.or.jp

理念 事業の目的等	本事業は、緑による都市環境の改善に資する調査研究活動に携わる者が企画及び実施する調査研究活動を支援するため、必要な費用の一部を助成し、これを通じて調査研究、技術開発の奨励及び活発化、並びに幅広い人材の育成を図り、もって緑豊かな安全・快適な都市づくり並びに豊かな次世代社会の創造の推進に寄与することを目的としております。
事業名	調査研究活動助成
助成対象内容	緑の価値の定量化や付加価値に関する調査研究 緑地の保全、緑化の推進に関する市民活動に関する調査研究 海外の日本庭園の保全再生に関する調査研究 自然環境を活かした社会資本（グリーンインフラ）に関する調査研究 特殊空間（屋上、屋内、壁面）における緑化技術に関する調査研究 ヒートアイランド・地球温暖化の対策に資する緑化技術に関する調査研究
助成対象団体	調査研究活動のために助成を必要とする(公財)都市緑化機構の出捐企業、賛助会員、共同研究会員並びに学生、研究者及び実務者
助成金額 （総額）	助成件数は予算の範囲内（２０２０年度実績５件）。
助成金額 （1件あたり）	助成金額は一件あたり１０万円
申請手続き	応募書類を当機構ホームページからダウンロードし、必要事項をご記入の上、都市緑化機構担当者宛に郵送して下さい。https://urbangreen.or.jp
応募期間 及び応募締切	２０２１年４月１９日（月）～６月１８日（金）消印有効（２０２１年度の場合）
助成決定時期	選考結果は、書面にて通知（６月下旬予定）。
備　考	助成を受けた者は、当該調査研究等の成果を報告書にまとめ、所定期日(調査期間が１年の場合は令和４年４月末)までに提出してください（４，０００字程度：当機構の機関誌２P分）。 報告書は、都市緑化フォーラムもしくは、機関誌『都市緑化技術』のいずれかで発表予定です。
提出書類	①定款・規約　●　②団体の予算書・決算書　●　③役員名簿　●　④団体資料（パンフレット）　● ⑤その他

公益財団法人　都市緑化機構

調 査 研 究 助 成
申 　 請 　 書

公益財団法人　都市緑化機構
理 事 長　　髙梨　雅明　殿

　　　　　　　　　氏　名　＿＿＿＿＿＿＿＿＿＿＿＿＿印＿

　　　　下記のとおり、技術開発基金による調査研究助成を申請いたします。

記

調査研究題目				
申請者	ふり　　　　がな 氏　　　　　名		自宅住所　・　電話番号　（郵便物の送付先）	
			（〒　　　　　　）	
	生年月日　　昭・平　　年　　月　　日			
	E-mail		自宅電話　　　（　　　　）	
			携帯電話　　　（　　　　）	
	大学院名　・　課程　・　学年		大学院所在地　・　電話番号	
			（〒　　　　　　）	
	所属研究室　・　指導教官			
		印	TEL　　　（　　　　）	
調査研究期間　　　　　　年			申請助成金額　　￥１０ ０，０ ０ ０円	
報告書提出期限　　令和　年4 月末日※				

※報告書の提出がなされない場合、選考委員会の審議を経て、助成金の返還を求めることがあります。

調査研究計画の概要

調査研究題目　[　　　　　　　　　　　　　　　　　　　　　　　　　　　　　　　]

（1）　調査研究目的・概要（300字以内）

（文章で記入して下さい。）

（2）　調査研究実施計画（内容、方法など）および助成対象範囲

（文章で記入して下さい。）

（作業フローなど実施手順を図式化し、助成対象範囲を太枠明示して下さい。）

※調査研究計画の概要には、所属、個人名を記載しないでください。1ページに収まるよう記載してください。

（3）　調査研究のこれまでの経過（卒業論文、修士論文等の概要添付）

※調査研究計画の概要には、所属、個人名を記載しないでください。1ページに収まるよう記載してください。

公益財団法人	としりょっかきこう **都市緑化機構（緑の環境プラン大賞）**

住　所	１０１－００５１　東京都千代田区神田神保町３－２－４　田村ビル２階
ＴＥＬ	０３－５２１６－７１９１　　　　ＦＡＸ ０３－５２１６－７１９５
ホームページ	https://urbangreen.or.jp/
Ｅ－Ｍａｉｌ	midori.info@urbangreen.or.jp

理念 事業の目的等	緑豊かな都市環境で育まれる人と自然とのふれあいやコミュニティ醸成、環境保全を目的として、優秀なプランを表彰するとともに、そのプランの実現のための助成をおこなうもので、１９９０年に創設した国土交通大臣賞を有する助成制度です。
事業名	**緑の環境プラン大賞**
助成対象内容	a）シンボル・ガーデン部門 ・地域のシンボル的な緑地として、緑の持つヒートアイランド緩和効果、生物多様性保全効果等を取り入れることにより、人と自然が共生する都市環境の形成、および地域コミュニティの活性化に寄与するアイデアを盛り込んだ緑地のプランを募集します。 ・助成金額：上限８００万円（緑化整備費一式）／助成数：３件程度 b）ポケット・ガーデン部門 ・日常的な花や緑の活動を通して、地域コミュニティの活性化や、保育園・幼稚園、学校、福祉施設等での情操教育、身近な環境の改善等に寄与するアイデアを盛り込んだ花や緑のプランを募集します。 ・助成金額：上限１００万円（緑化整備費一式）／助成数：１０件程度
助成対象団体	■応募対象： 全国の民間・公共の各種団体（法人格の有無は問いませんが、個人では応募できません） ■応募条件： ①プラン実現のための応募対象地の活用が確実であること。 ②プランの助成要望金額は、消費税込みで各プランの上限金額内に収まっていること。 ③プランの助成対象となる工事の発注については、助成決定通知後におこなわれること。 ④プランは、原則として、当該年度末までに工事完了が可能であること。 ⑤プランの助成対象物は、他の助成や補助等と重複しないこと。 ⑥助成により完成した緑地は、一定期間良好に維持されること。
助成金額 （総額）	¥３４，０００，０００
助成金額 （1件あたり）	a）シンボル・ガーデン部門 ・助成金額：上限８００万円（緑化整備費一式）／助成数：３件程度 b）ポケット・ガーデン部門 ・助成金額：上限１００万円（緑化整備費一式／助成数：１０件程度）
申請手続き	①応募用紙の取り寄せ方法 ・（公財）都市緑化機構ｗｅｂサイト「緑の環境プラン大賞」紹介ページより、募集要項・助成要綱・応募用紙をダウンロードできます。 ・（公財）都市緑化機構「緑の環境プラン大賞」事務局まで、お電話、ＦＡＸ、メール等でお問い合わせいただければ、郵送もいたします。 ②応募方法 ・各部部門の専用応募用紙に必要事項を記載のうえ、応募要項に示す必要書類を添え、郵送にて提出をお願いいたします。
応募期間 及び応募締切	①募集期間：４月１日～６月３０日（２０２１年の場合） ②応募締切：６月３０日（消印有効）
助成決定時期	助成決定は、有識者等により構成された審査会にて審査のうえ決定いたします。 ・審査：８月～１０月 ・結果発表：１０月中旬（応募者みなさまに、書面にて通知いたします） ・表彰式：１１月～１２月
備　考	■助成完了期間 ・「シンボルガーデン」部門、「ポケットガーデン」部門：当該年度末までに工事完了 ■助成金振込時期 ・対象工事完了をもって、助成金をお振り込みいたします。
提出書類	①定款・規約　●　②団体の予算書・決算書　●　③役員名簿　●　④団体資料（パンフレット）　● ⑤その他　応募要項に定める資料

ナショナル・トラスト活動助成

なしょなる・とらすとかつどうじょせい

住 所	171-0021 東京都豊島区西池袋2-30-20 音羽ビル
TEL	03-5979-8031　　FAX　03-5979-8032
ホームページ	http://www.ntrust.or.jp/
E-Mail	office@ntrust.or.jp

理念 事業の目的等	昨今の環境問題に対する意識の高まりとともに、自然を守るための様々な法制度が整備されていますが、その一方で、それらの法制度の地域指定から外れた土地においては、日々、希少な野生生物や優れた自然環境が開発などの脅威にさらされています。これ以上、日本の豊かな自然を失わせないためには、希少な野生生物のすみかとなっている土地を確保し、将来にわたって確実に守っていくことがたいへん重要です。 　そこで、資金を提供する（公財）自然保護助成基金と（公社）日本ナショナル・トラスト協会が協力し、自然保護に資する土地の取得を中心としたナショナル・トラスト活動を支援する助成を創設するに至りました。危機に直面している自然を守るために土地の購入費を助成する制度は、民間の助成としては他に例がありません。
事業名	ナショナル・トラスト活動助成
助成対象内容	A．土地所有状況調査助成 トラスト地の確保に向けた準備段階における、土地所有状況調査にかかる費用を助成します。（不動産登記事項証明書や公図の取得にかかる費用等） B．活動実践助成 自然保護のために土地を購入する費用（あるいは借地にかかる費用）と、トラスト団体の立ち上げにかかる費用を助成します。また、本助成を活用して購入した（あるいは借りた）トラスト地における維持管理費用、看板・柵・歩道等の整備費用、PR用パンフレット等の作成費用も対象となります。
助成対象団体	A．土地所有状況調査助成 自然環境の保全等を目的として、1年以内に、地権者との交渉の開始やトラスト地の取得を目指しているトラスト団体・トラスト団体を立ち上げ予定の個人。（申請の時点では、団体の法人格の有無を問いません。） B．活動実践助成 ①法人格を有していること。（NPO法人、一般財団法人、公益財団法人など） ②非営利の活動団体で、地域の自然環境の保全を目的としていること。 ③特定の政党や宗教への偏りをもたない団体であること。 ④助成対象事業を行うための組織体制が整っていること。
助成金額 （総額）	400万円（2021年度）
助成金額 （1件あたり）	A．上限30万円 B．400万円（1～2件程度）
申請手続き	（公社）日本ナショナル・トラスト協会のホームページ（http://www.ntrust.or.jp/）から申請書類をダウンロードしてください。又は電話（03-5979-8031）で請求してください。
応募期間 及び応募締切	2021年8月20日（金）消印有効
助成決定時期	2021年11月頃（2021年度）
備 考	この助成は、（公財）自然保護助成基金と（公社）日本ナショナル・トラスト協会が共催し、日本ナショナル・トラスト協会が事務局を担当しています。
提出書類	①定款・規約 ● ②団体の予算書・決算書 ● ③役員名簿 ● ④団体資料（パンフレット） ● ⑤その他　土地の位置図、土地の現況を示す写真等（詳しくは募集要項をご覧ください。）

年　月　日

公益財団法人自然保護助成基金
理　事　長　有賀　祐勝　様
公益社団法人日本ナショナル・トラスト協会
会　　長　池谷　奉文　様

申　請　書

　ナショナル・トラスト活動助成を下記の通り申請します。

1. 活動名

2. 活動実施期間

年　　　月　〜　　　　　年　　　月

3. 申請者

<table>
<tr><td rowspan="2">団体名</td><td>（フリガナ）</td></tr>
<tr><td></td></tr>
<tr><td rowspan="2">代表者名</td><td>（フリガナ）</td></tr>
<tr><td>㊞</td></tr>
<tr><td rowspan="2">団体の住所</td><td>（フリガナ）</td></tr>
<tr><td>〒</td></tr>
<tr><td>団体の連絡先</td><td>電話番号　　　　　　　　FAX 番号</td></tr>
<tr><td rowspan="2">担当者名</td><td>（フリガナ）</td></tr>
<tr><td></td></tr>
<tr><td rowspan="2">担当者連絡先</td><td>電話番号　　　　　　　　FAX 番号</td></tr>
<tr><td>E-mail</td></tr>
</table>

1

4. 1年目に助成を申請する対象・金額・内訳

	助成対象	金額	算出基礎・内訳
A. 土地所有状況調査助成	トラスト候補地の土地所有状況調査	円	
B. 活動実践助成	(1)土地を購入するための費用	円	
	(2)土地を借りるための費用	円	
	(3)トラスト団体の立ち上げにかかる費用	円	
	(4)トラスト地に係る維持管理費用	円	
	計	円	

2

5. 希望する助成金額と期間 （最長5年、総額800万円が上限です。）

（B．活動実践助成を申請する場合、おおよその目安で構わないので記入してください。）

経費の内訳＼助成期間	1年目	2年目	3年目	4年目	5年目	計
（1）土地購入費用	万円	万円	万円	万円	万円	万円
（2）土地を借りるための費用	万円	万円	万円	万円	万円	万円
（3）トラスト団体の立ち上げにかかる費用	万円	万円	万円	万円	万円	万円
（4）トラスト地に係る維持管理費用	万円	万円	万円	万円	万円	万円
助成金額	万円	万円	万円	万円	万円	万円

6. 他団体からの助成金額

※当該トラスト活動に関する他機関からの助成がある場合は明細を記入してください。

助成団体名	助成額	決定／申請中
	円	決定・申請中
	円	決定・申請中

3

7. 取得・借地を希望する土地の概要
　　（トラスト候補地の土地所有状況調査の場合，分かる範囲で記入してください。）

土地の所在地	
土地の地目（筆数）	（　　　　　筆）
土地の面積	㎡
地権者の同意	有　・　無（　　　　　　　　　　　　　　　　　）
地権者	氏名： 住所：
土地の重要性	
土地を取得する 緊急性	
土地の取得により 期待される効果	

4

8. 団体の概要

組織	活動メンバーの人数　　　　　人（うち常勤の人数　　　　人） 会員制度を設けている場合は会員数 　　　個人会員　　　　　　名（年会費　　　　　　円） 　　　法人会員　　　　　　名（年会費　　　　　　円） 　　　その他
設立年月日	年　　　月
設立趣旨	
活動実績	

9. トラスト地における活動計画（A．土地所有状況調査助成の場合，不要）

時期	活動計画
1年目	
2年目～ 5年目	

5

公益財団法人	にっこうそしゃかいあんぜんけんきゅうざいだん **日工組社会安全研究財団**

住　所	１０１－００４７　東京都千代田区内神田１－７－８　大手町佐野ビル６階
ＴＥＬ	ＦＡＸ　０３－３２１９－２３３８
ホームページ	http://www.syaanken.or.jp/
Ｅ－Ｍａｉｌ	anzen21@syaanken.or.jp

理念 事業の目的等	人々が犯罪と関わりなく安全かつ安心して生活できる社会の実現を目指し、犯罪の予防活動を中心に、少年非行防止、被害者支援等の活動を助成により支援します。
事業名	**安全事業助成**
助成対象内容	①広域安全事業 　国内において複数の都道府県にわたって行われるもの及び国際間で行われるもの ②県域安全事業 　１つの都道府県の域内において、複数の市町村にわたって行われるもの
助成対象団体	①公益社団法人及び公益財団法人 ②一般社団法人及び一般財団法人 ③特定非営利活動法人 ④営利法人を除き、①、②、③以外の法人格を有する団体 ⑤法人格を有しないが、助成対象事業を実施するための体制を有すると当財団が認める団体 ※②〜⑤については、募集要項に定める助成対象事業のいずれかに該当する事業を過去 ３年以内に実施した実績を有する団体とします。 詳細な助成要件は、ホームページ上の募集要項をご参照ください。
助成金額 （総額）	①広域安全事業　　１，５７７万円 ②県域安全事業　　　２５５万円　　　　　（２０２１年度実績）
助成金額 （１件あたり）	①広域安全事業：１件につき上限３００万円 ②県域安全事業：１件につき上限１００万円　　（２０２１年度）
申請手続き	助成金の詳細は下記ＵＲＬをご覧ください。 http://www.syaanken.or.jp/
応募期間 及び応募締切	２０２０年９月１日（火）〜１０月１５日（木）　１７時必着
助成決定時期	２０２１年３月中旬
備　考	＜応募の制限＞ ・１つの団体による応募は１件とします。 ・広域安全事業と県域安全事業の両方に応募することはできません。 ＜助成対象外事業＞ ・事業の全部又は大部分を他の団体等に請け負わせて実施する事業 ・全国規模の団体が、当財団の助成金を傘下団体への助成資金に充当する事業 ・他の団体等から委託、補助、助成等の資金を受ける事業（他の団体等からの資金と当財団 　の助成金の充当範囲が明確に区分できる事業を除く。） ・交通安全対策に関する事業 ・学会等のシンポジウム事業 ・営利を目的とした事業
提出書類	①定款・規約　●　②団体の予算書・決算書　●　③役員名簿　●　④団体資料（パンフレット）　● ⑤その他　２０２２年度の応募についての詳細はホームページをご覧ください。

	にっぽんざいだん
公益財団法人	**日本財団**

住 所	107-8404　東京都港区赤坂1-2-2　日本財団ビル
TEL	03-6229-5111 FAX 03-6229-5110
ホームページ	https://www.nippon-foundation.or.jp/
E-Mail	cc@ps.nippon-foundation.or.jp

理念 事業の目的等	日本財団は、ボートレースの売上を主な財源に活動している民間の助成財団です。社会が複雑化し、様々な課題に直面するなか、行政による施策や公的サービスだけでは支援の手が行き届かない問題がたくさんあります。わたしたちは、このような問題を解決するため、いろいろな組織を巻き込んで、新しい仕組みを生み出し、「みんながみんなを支える社会」を目指して、助成事業に取り組んでいます。
事業名	**2021年度　助成事業（通常募集）** **※対象：2021年4月〜翌年3月に実施される事業**
助成対象内容	1．海や船に関する事業 　　例：環境をまもる、海と身近にふれあう、海と船の研究、海の安全、海をささえる人づくり 2．社会福祉、教育、文化などの事業 （1）「あなたのまちづくり」 　　　例：障害者のサポート、みんなで防犯、防災林をつくる、など （2）「みんなのいのち」 　　　例：セーフティネットを整える、ホスピスナースを育てる、被災地・被災者のサポート （3）「子ども・若者の未来」 　　　例：学びのサポート、里親のサポート、子どものホスピス、学生ボランティア （4）「豊かな文化」 　　　例：芸術に親しむ、伝統芸能を引きつぐ、スポーツの普及と研究、若手科学者の研究サポート （5）「withコロナ時代の社会を変える、支える」
助成対象団体	一般財団法人、一般社団法人、公益財団法人、公益社団法人、社会福祉法人、NPO法人（特定非営利活動法人）、教育・研究機関、ボランティア団体（任意団体）など非営利活動・公益事業を行う団体
助成金額 （総額）	15,036,160,000円（2021年度助成事業（通常募集）助成計画） 1．「海や船に関する事業」：7,336,190,000円（45団体109事業） 2．「社会福祉、教育、文化などの事業」：7,699,970,000円（227団体250事業） 上記に加え、年度内助成として、福祉車両の普及（「あなたのまちづくり」領域）、大規模災害への対応（「みんなのいのち」領域）、海外で行う事業（「人間の安全保障」・「世界の絆」領域）および当年度に着手する必要のある事業などを、随時審査をして助成しています。
助成金額 （1件あたり）	1．海や船に関する事業 財団・社団・社福・NPO法人：事業規模に見合う適正な金額　ボランティア団体（任意団体）：200万円 2．社会福祉、教育、文化などの事業 財団・社団・社福・NPO法人：事業規模に見合う適正な金額　ボランティア団体（任意団体）：募集なし
申請手続き	インターネット申請のみ受付 ①申請内容の準備（Excelファイルへの記入） ②Googleフォームにて必要情報の登録、申請
応募期間 及び応募締切	2020年10月1日（木）11：00〜2020年10月30日（金）17：00まで （対象：2021年度4月〜翌年3月に実施される事業）
助成決定時期	2021年3月中旬から下旬（対象：2021年度4月〜翌年3月に実施される事業）
備 考	当財団では通常募集のほかに、緊急度の高い事業への助成事業（年度内募集）やプロジェクト単位での助成事業も行っています。詳しくは当財団の助成事業に関するWEBページをご覧ください。（https://www.nippon-foundation.or.jp/grant_application/programs）
提出書類	①定款・規約 ● ②団体の予算書・決算書 ● ③役員名簿 ● ④団体資料（パンフレット） ● ⑤その他

にっぽんゆうびんかぶしきがいしゃ
日本郵便株式会社

住　所	100-8792	東京都千代田区大手町２－３－１　大手町プレイスウエストタワー

TEL	03-3477-0567	FAX	

ホームページ　http://www.post.japanpost.jp/kifu/
E－Mail　nenga-kifu.ii@jp-post.jp

理念 事業の目的等	日本郵便株式会社では国民の福祉の増進を図ることを目的として１９４９年（昭和２４年）１２月に初めて「寄付金付お年玉付郵便葉書」を、そして１９９１年（平成３年）からは「寄付金付お年玉付郵便切手」を発行してまいりました。この事業は「お年玉付郵便葉書等に関する法律」に基づいて行われています。 　ご購入いただいた方々から寄せられた寄付金は、これまでの累計で約５１６億円に達します。日本郵便株式会社は、お預かりした寄付金を法律に定められている１０の分野の事業を行う団体に助成しています。この助成は、社会の発展に大きく貢献することを目的としており、寄付者の方々のご意思の的確な反映のため、総務大臣の認可を受けて日本郵便株式会社が責任をもって遂行しています。
事業名	**年賀寄付金による社会貢献事業助成**
助成対象内容	対象の事業分野は「お年玉付郵便葉書等に関する法律」により１０の分野に定められています。団体は定款又は寄附行為に基づいて行うこれらの事業につき配分申請ができます。 　（１）　社会福祉の増進を目的とする事業 　（２）　風水害、震災等非常災害による被災者の救助又はこれらの災害の予防を行う事業 　（３）　がん、結核、小児まひその他特殊な疾病の学術的研究、治療又は予防を行う事業 　（４）　原子爆弾の被爆者に対する治療その他の援助を行う事業 　（５）　交通事故の発生若しくは水難に際しての人命の応急的な救助又は交通事故の発生若しくは水難の防止を行う事業 　（６）　文化財の保護を行う事業 　（７）　青少年の健全な育成のための社会教育を行う事業 　（８）　健康の保持増進を図るためにするスポーツの振興のための事業 　（９）　開発途上にある海外の地域からの留学生又は研修生の援護を行う事業 　（１０）地球環境の保全(本邦と本邦以外の地域にまたがって広範かつ大規模に生ずる環境の変化に係る環境の保全をいう。)を図るために行う事業 申請は以下の事業に対して行うことができます。 　１．活動（一般プログラムあるいはチャレンジプログラム） 　２．施設改修　　３．機器購入　　４．車両購入 なお、活動には一般プログラム及び事業の継続性に着目したチャレンジプログラムの２つの分野があります。上記１～４のうち、「活動」のチャレンジプログラムのみ４年までの連続年配分受給が可能です。ただし、実績を出し、毎年申請を行い、審査を受けて配分決定となることが必要です。
助成対象団体	社会福祉法人、更生保護法人、一般社団法人、一般財団法人、公益社団法人、公益財団法人、又は特定非営利活動法人（ＮＰＯ法人）であり、直近の決算時において法人登記後１年以上が経過しており、かつ、過去１年間を期間とする年度決算書が確定していること。
助成金額 （総額）	３億１，０５３万円（２０２１年度）
助成金額 （1件あたり）	活動・一般プログラム：申請額５００万円まで 活動・チャレンジプログラム：申請額５０万円まで 施設改修、機器購入、車両購入：申請額５００万円まで
申請手続き	応募期間中、年賀寄付金ホームページ（http://www.post.japanpost.jp/kifu/）から申請書類等をダウンロードして、必要事項を記入の上、郵送にて提出してください。
応募期間 及び応募締切	２０２１年度：２０２０年９月１４日から１１月６日まで（当日消印有効） ※２０２２年度分（２０２１年募集予定）については、応募期間・応募締切が変更となる場合がありますので、弊社ホームページでご確認ください。
助成決定時期	２０２２年度：２０２２年３月下旬
備　考	
提出書類	①定款・規約 ● 　②団体の予算書・決算書 ● 　③役員名簿 ○ 　④団体資料（パンフレット） ● ⑤その他　実施事業を所管する大臣または都道府県知事等の意見書

公益財団法人	にほんかがくきょうかい 日本科学協会

住　所	１０７－００５２　東京都港区赤坂１－２－２　日本財団ビル５Ｆ
ＴＥＬ	０３－６２２９－５３６０　　　　ＦＡＸ　０３－６２２９－５３６９
ホームページ	http://www.jss.or.jp
Ｅ－Ｍａｉｌ	josei@jss.or.jp

理念 事業の目的等	急速な社会構造の変化に伴って生じる、指導者が実践の場で直面する様々な諸問題について、解決のための実践を伴う研究を奨励し、その分野の活性化と発展に寄与することを目的とします。
事業名	笹川科学研究助成「実践研究部門」
助成対象内容	博物館や学校、ＮＰＯなどに所属している者が、その活動において直面している社会的諸問題を解決するために調査・研究・開発を行い、問題を解決すべき場でその成果を実践し、その結果を検証報告としてまとめ、広く社会に公開することのプロセスを総称して実践研究とし、助成対象としております。
助成対象団体	教育・学習・自立支援等を行う様々な組織・団体において、専門的立場にある者（教員、学芸員、図書館司書、カウンセラー、指導員等）あるいは問題解決に取り組んでいる当事者等の個人を対象とします。
助成金額 （総額）	５，２３０，０００円（２０２０年度）
助成金額 （1件あたり）	５００，０００円（上限）
申請手続き	申請書は日本科学協会のｗｅｂサイトで行います。詳しくは「申請マニュアル」を確認してください。
応募期間 及び応募締切	９月１５日から１０月１５日（予定）
助成決定時期	翌年の３月初旬
備　考	※ＮＰＯ団体等については、２年以上の活動実績があることを条件とします。 ※実践の場の代表者の推薦を必要とします。 ※団体の活動ではなく、研究者個人への助成である点にご留意下さい。詳細については、日本科学協会のｗｅｂサイトをご覧下さい。
提出書類	①定款・規約 ● 　②団体の予算書・決算書 ● 　③役員名簿 ● 　④団体資料（パンフレット） ● ⑤その他

にほんこーぷきょうさいせいかつきょうどうくみあいれんごうかい

日本コープ共済生活協同組合連合会

住　所	１５１－００５１　東京都渋谷区千駄ヶ谷４－１－１３
ＴＥＬ	０３－６８３６－１３２４　　ＦＡＸ　０３－６８３６－１３２５
ホームページ	https://coopkyosai.coop/csr/socialwelfare/
Ｅ－Ｍａｉｌ	contribution@coopkyosai.coop

理念 事業の目的等	ＣＯ・ＯＰ共済は「自分の掛金が誰かの役に立つ」という組合員どうしの助け合いの制度です。コープ共済連はＣＯ・ＯＰ共済を通じて豊かな社会づくりをめざしています。その活動の一環として、生協と地域のＮＰＯやその他の団体が協働して地域のくらしを向上させる活動を支援することを目的に、本助成を実施しています。
事業名	**ＣＯ・ＯＰ共済　地域ささえあい助成**
助成対象内容	所定のテーマに合致し、生協と生協以外の団体が協働して行う活動について、１事業あたり最大１００万円、総額２５００万円を上限に助成します。
助成対象団体	日本国内を主たる活動の場とする団体。法人格の有無は問いません。
助成金額 （総額）	２５００万円
助成金額 （１件あたり）	１００万円
申請手続き	ホームページからダウンロード、メールで応募いただけます。 郵送での取寄せ、応募も可能です。
応募期間 及び応募締切	２０２１年度の応募は終了しました。２０２２年度は未定です。
助成決定時期	６月上旬
備　考	
提出書類	①定款・規約　●　②団体の予算書・決算書　●　③役員名簿　●　④団体資料（パンフレット）　● ⑤その他

	にほんこくさいきょうりょくしすてむ
一般財団法人	**日本国際協力システム**

住　所	104-0053　東京都中央区晴海2-5-24　晴海センタービル5階

TEL	03-6630-7869	FAX	03-3534-6811

ホームページ	https://www.jics.or.jp/
E-Mail	shienngo@jics.or.jp

理念 事業の目的等	民間団体による国際協力活動の一層の発展に寄与することを目的とし、海外または日本国内において、開発途上国援助に繋がる活動を行う日本の中小規模のNGO・NPO団体に対して支援金助成を行い、その活動及び組織の基盤強化をサポートする。
事業名	**JICS　NGO支援事業**
助成対象内容	次の事業の実施にかかる費用への支援を行います。 ・開発途上国で実施する所定分野での事業、またその事業を実施するために 　必要な基盤整備等事業 ・日本国内で実施する団体組織運営の安定と強化に必要な活動・事業 ・開発途上国・難民・平和構築問題に対する啓発活動事業 ・ネットワーク型NGO・NPOの実施する事業
助成対象団体	開発途上国または日本国内において3年以上の国際協力活動実績を有し、主たる事務所を日本におく事業規模6000万円未満の日本のNGO・NPO（応募時の法人格有無は不問／小規模団体支援分野では事業規模1000万円未満）
助成金額 （総額）	10,000,000円
助成金額 （1件あたり）	一般枠支援の場合　1,600,000円（予定） 小規模団体・スポーツ振興枠支援の場合　1,000,000円（予定）
申請手続き	当財団のホームページより所定の申請書をダウンロード 必要事項を記入してメール申請、あわせて他の必要書類とともに郵送
応募期間 及び応募締切	募集要項掲載開始：6月頃 応募受付時間：7月上旬～8月上中旬頃
助成決定時期	11月下旬に通知（2月支援金振り込み、以降3月から支援事業開始）
備　考	助成内容の詳細は当財団ホームページの募集要項で確認してください。
提出書類	①定款・規約 ● ②団体の予算書・決算書 ● ③役員名簿 ● ④団体資料（パンフレット） ● ⑤その他　見積書等価格根拠書類、法人格有する場合は登記簿

	にほんしゃかいふくしこうさいかい
公益財団法人	日本社会福祉弘済会

住　所	１３６－００７１	東京都江東区亀戸１－３２－８

TEL	０３－５８５８－８１２５	FAX	０３－５８５８－８１２６

ホームページ	https://www.nisshasai.jp/
E－Mail	

理念 事業の目的等	本会は、少子高齢化が進展し、多様化する福祉需要のなかで社会福祉の向上を目指した"研修事業"や"研究事業"に助成することにより、豊かな福祉社会の実現に寄与することを目的といたします。
事業名	社会福祉助成事業
助成対象内容	研修事業と研究事業 （詳細はホームページをご覧ください）
助成対象団体	・社会福祉法人、福祉施設、福祉団体など ・法人格のない任意団体やグループは申請書下段に市区町村社会福祉協議会の推薦を得て、申請書を提出下さい。 ・個人や営利団体（株式会社等）への助成は対象外となります。
助成金額 （総額）	１，８００万円程度
助成金額 （1件あたり）	一団体あたり①５０万円以内、かつ②助成対象経費の８０％以内 ①又は②のどちらか低い方となります。
申請手続き	ホームページよりダウンロードして下さい
応募期間 及び応募締切	１１月１日～１２月１５日が例年の応募期間となります。
助成決定時期	応募期間の翌年３月末頃
備　考	２０２０年度応募から、応募要項（紙ベース）は作成しておりません。ホームページをご覧ください。
提出書類	①定款・規約　●　②団体の予算書・決算書　●　③役員名簿　●　④団体資料（パンフレット）　● ⑤その他

独立行政法人	にほんすぽーつしんこうせんたー **日本スポーツ振興センター**

住　所	107-0061	東京都港区北青山2-8-35

TEL	03-5410-9180	FAX	03-5411-3477
ホームページ	https://www.jpnsport.go.jp/sinko/		
E-Mail	kuji-josei@jpnsport.go.jp		

理念 事業の目的等	国のスポーツ振興施策の一環として、我が国のスポーツの競技水準の向上、地域におけるスポーツ環境の整備など、スポーツの普及・振興を図るため、スポーツ振興事業に対する助成を行っています。 　スポーツ振興くじ助成金においては、スポーツくじ（toto・BIG）の販売により得られる収益により、誰もが身近にスポーツに親しめる環境づくりから、世界の第一線で活躍する選手の発掘・育成まで、地方公共団体及びスポーツ団体が行うスポーツの振興を目的とする事業に対して助成を行っています。

事業名	**スポーツ振興くじ助成金**

助成対象内容	（1）総合型地域スポーツクラブ活動助成（創設支援事業／自立支援事業／活動基盤 　　　強化事業／マネジャー設置支援事業／マネジャー設置事業） 　　：地域における運動・スポーツ活動の拠点であり地域住民の交流の場となる総合型地域スポーツクラブの創設及び育成の促進を図ることを目的として、クラブの創設及び活動事業に対して助成を行っています。 （2）スポーツ団体スポーツ活動助成（スポーツ教室、スポーツ大会等の開催／スポーツ指導者の養成・活用／スポーツ情報の提供／新規会員獲得事業／マイクロバスの設置） 　　：生涯にわたる豊かなスポーツライフのための環境づくりを目的として、スポーツ団体がスポーツ振興のために行う事業に対して助成を行っています。 ※非営利のスポーツ団体が助成対象者となるメニューのみ抜粋

助成対象団体	次に掲げる非営利のスポーツ団体が交付申請を行うことが出来ます。 　ただし、助成対象事業ごとに助成対象者が異なりますので、各事業の要件等を十分ご確認ください。 （1）定款、規約その他当該団体の目的・組織・業務などを定めた規則において「主たる目的が運動・スポーツの振興及び普及であること」、「主たる事業が運動・スポーツの振興及び普及に関する活動であること」を規定している団体が助成対象となります。 （2）総合型地域スポーツクラブ創設支援事業、自立支援事業及びマネジャー設置支援事業を除き、法人格を持たない団体は助成対象となりません。

助成金額 （総額）	【2019年度実績】 （1）総合型地域スポーツクラブ活動助成（創設支援事業／自立支援事業／活動基盤強化事業／マネジャー設置支援事業／マネジャー設置事業） 　　　　　　　336,431千円 （2）スポーツ団体スポーツ活動助成（スポーツ教室、スポーツ大会等の開催／スポーツ指導者の養成・活用／スポーツ情報の提供／新規会員獲得事業／マイクロバスの設置） 　　　　　　　1,365,123千円（ただし、各スポーツの競技団体等に対する助成額も含む）

助成金額 （1件あたり）	【2021年度事業】 （1）総合型地域スポーツクラブ活動助成 ・創設支援事業　　　　　　　　　　　　　　… 1,080千円 ・自立支援事業・活動基盤強化事業　　　　　… 2,160千円 ・マネジャー設置支援事業・マネジャー設置事業 … 1,944千円 （2）スポーツ団体スポーツ活動助成 ・「スポーツ教室、スポーツ大会等の開催」「スポーツ指導者の養成・活用」「スポーツ情報の提供」の合計額で、 　：公益社団法人及び公益財団法人　　　　　…12,000千円 　：その他の非営利法人であるスポーツ団体　… 3,600千円 ・新規会員獲得事業　　　　　　　　　　　　… 　720千円 ・マイクロバスの設置　　　　　　　　　　　… 4,000千円

申請手続き	【申請書類】 当センターのホームページからダウンロードをして作成してください。 ※当センターで定める書類のほかに、団体で用意する書類（指定の様式がないもの）があります。 ※申請事業ごとに提出書類が異なりますので、よくご確認ください。 【申請方法】 申請書類はすべて紙媒体で提出してください。 ※一部、紙媒体による提出とあわせて、メールに添付して送付する書類があります。

応募期間 及び応募締切	【２０２１年度事業】 （１）総合型地域スポーツクラブ活動助成（創設支援事業／自立支援事業／活動基盤強化事業／マネジャー設置支援事業／マネジャー設置事業） 　　　　：２０２０年１１月中旬から２０２１年１月中旬まで （２）スポーツ団体スポーツ活動助成（スポーツ教室、スポーツ大会等の開催／スポーツ指導者の養成・活用／スポーツ情報の提供／新規会員獲得事業／マイクロバスの設置） 　・マイクロバスの設置以外　　：２０２０年１１月中旬から２０２１年１月中旬まで 　・マイクロバスの設置　　　　：２０２０年１１月中旬から２０２０年１２月中旬まで 　※　年度によって募集期間及び締切日が異なりますので、よくご確認ください。
助成決定時期	４月中旬
備　考	詳細につきましては、当センターホームページ及びホームページに掲載している「募集の手引」等関係規程をご確認ください。
提出書類	①定款・規約　●　②団体の予算書・決算書　●　③役員名簿　●　④団体資料（パンフレット）　● ⑤その他　申請事業によって異なります。

にほんせいめいざいだん	
公益財団法人	**日本生命財団（ニッセイ財団）**

住　所	５４１－００４２	大阪府大阪市中央区今橋３－１－７　日本生命今橋ビル４階

ＴＥＬ	０６－６２０４－４０１１	ＦＡＸ	０６－６２０４－０１２０

ホームページ	http://www.nihonseimei-zaidan.or.jp/
Ｅ－Ｍａｉｌ	

理念 事業の目的等	日本生命財団は、日本生命保険相互会社が創業９０周年を迎えるに当たり、同社創業以来の共存共栄、相互扶助の精神に基づき、「人間性・文化性あふれる真に豊かな社会の建設に資すること」を目的として、１９７９年７月に設立された助成型財団でございます。 　以来、この目的を達成するため様々な検討を重ね、主に児童・高齢・環境の三分野を中心として助成事業を進めております。
事業名	①児童・少年の健全育成助成＜物品助成＞ ②生き生きシニア活動顕彰 ③児童・少年の健全育成助成＜実践的研究助成＞ ④高齢社会助成＜地域福祉チャレンジ活動助成、実践的研究助成＞ ⑤環境問題研究助成（学際的総合研究、若手・奨励研究）
助成対象内容	①子どもの健全育成に向け活動する地域の団体へ必要な物品を助成 ②高齢者が主体となる地域貢献活動を顕彰 ③子どもの健全育成に資する研究に取り組む研究者等への研究助成 ④高齢社会の課題解決に資する活動及び研究への助成 ⑤環境問題研究に取り組む研究者等への研究助成
助成対象団体	①地域活動の一環として児童・少年の健全育成に向けた活動を定期的かつ日常的に継続して取り組んでいる民間の団体のうち、財団所定の要件を満たすもの（法人格の有無は問わない） ②高齢者が主体となり、長きにわたり継続して地域貢献活動に取り組んでいる民間団体のうち、財団所定の要件を満たすもの（法人格の有無は問わない） ※③〜⑤については、財団ホームページを参照
助成金額 （総額）	２０２０年度実績 ①１億２６７２万円　②１０５０万円　③１９０１万円　④１６０８万円　⑤４０００万円
助成金額 （１件あたり）	①１団体あたり３０〜６０万円（物品購入資金） ②１団体あたり５万円（顕彰金） ③、④２年助成は最大４００万円、１年助成は最大１００万円 ⑤２年助成は最大１５００万円、１年助成は最大１５０万円 ※詳細は財団ホームページを参照
申請手続き	財団ホームページ掲載の募集要項参照 ※①、②は各都道府県庁の担当課を通じて必要書類を配布
応募期間 及び応募締切	①、②１０月〜１１月（都道府県によって別途定められるため、各担当課に確認のこと） ③１１〜３月中旬 ④地域福祉チャレンジ活動助成は１２〜５月下旬、実践的研究助成は１２〜６月中旬 ⑤２〜４月上旬
助成決定時期	①、②３月の当財団理事会にて最終決定後、決定団体に通知 ③６月の当財団理事会にて最終決定後、申請者に通知 ④、⑤９月の当財団理事会にて最終決定後、申請者に通知
備　考	
提出書類	①定款・規約　●　②団体の予算書・決算書　●　③役員名簿　●　④団体資料（パンフレット）　● ⑤その他

	にほんちゃりてぃぷれーときょうかい	
NPO法人	**日本チャリティプレート協会**	

住　所	１６６－００１２	東京都杉並区和田１－５－１８　アテナビル２階

TEL	０３－３３８１－４０７１	FAX	０３－３３８１－２２８９

ホームページ	http://www.jcpa.net/jcpa/
E－Mail	info@jcpa.net

理念 事業の目的等	働く機会の少ない在宅の重度障害者に、仲間と共に働き、語り合える社会生活の場を小規模作業所は提供している。障害者とその家族・ボランティアによって開設されるため、多くの作業所には行政からの援助が少なく、運営が危ぶまれているところもある。 　本会では、昭和５３年度創立１５周年を記念して助成制度を設け、援助が特に必要と思われる作業所を選定し、車両、備品、設備等を贈ることとした。
事業名	**チャリティプレート助成金**
助成対象内容	障害者（重複を含む）が通う小規模作業所、アクティビティ・センター（自立生活センター、グループホーム）などで、特に緊急性が明確である団体（法人である必要はない）に、設備、備品、車両の助成を行う。
助成対象団体	団体またはグループ（法人である必要はない）で下記の条件を満たしていること。 ①助成年度の前年の４月１日までに設立され、活動していること。 ②年間総予算が２，０００万円をこえないこと。 ③事業収入が８００万円をこえないこと。 ④公費助成のうち、運営費助成（対利用者）額が、年間予算総額の７５％をこえないこと。 ⑤社会福祉法人および財団法人は特別の理由がない限り対象としない。
助成金額 （総額）	
助成金額 （1件あたり）	５０万円を限度とする
申請手続き	当会宛にTELでご連絡下さい。何点かお聞きし、選考の対象となる場合資料をお送りします。 所定の申請用紙に記入し、今年度の予算書と前年度の収支計算書を添付の上お送り下さい。
応募期間 及び応募締切	２０２１年７月１日～９月３０日必着
助成決定時期	１０月末
備　考	
提出書類	①定款・規約 ● 　②団体の予算書・決算書 ● 　③役員名簿 ● 　④団体資料（パンフレット） ● ⑤その他　要望物件のカタログ、見積書の写しなど ※これらの書類は二次審査で必要です。

公益社団法人	にほんふぃらんそろぴーきょうかい 日本フィランソロピー協会

住　所	１００－０００４　東京都千代田区大手町２－２－１　新大手町ビル２４４

ＴＥＬ	０３－５２０５－７５８０	ＦＡＸ	０３－５２０５－７５８５
ホームページ	https://www.philanthropy.or.jp		
Ｅ－Ｍａｉｌ	jpa-info@philanthropy.or.jp		

理念 事業の目的等	「健全な民主主義社会」の実現 企業の従業員をはじめステークホルダーである一人ひとり個人が、「より良い社会創造のために自ら考え、助けあいながら、課題解決に向けて行動する」ことを推進する。
事業名	田辺三菱製薬「手のひらパートナープログラム」
助成対象内容	①名称 田辺三菱製薬手のひらパートナープログラム 難病患者さんの療養・就学・就労等、生活の質（QOL）向上のための活動 １．療養環境の向上をめざす活動 ２．就学／就労等、社会参加を支援する活動 ３．「難病」に対する、一般の人たちの理解や支援を促進する活動 ４．その他、「田辺三菱製薬　手のひらパートナープログラム選考委員会」が認めた活動 ※団体の年間事業全般に対しての支援は行いません。取り組む課題や企画を絞ってご申請ください。
助成対象団体	難病患者団体および難病患者支援団体 ・日本国内に主たる拠点を有する団体であること。法人格の有無は問いません。 ・２０１９年４月１日現在で、１年以上の活動実績を有する（前年度の決算報告が提出できる）こと。 ・ここでいう難病とは「難病の患者に対する医療等に関する法律第５条第１項」において２０１９年７月１日までに「指定難病」と告示された３３３疾患を指します。
助成金額 （総額）	１，０００万円
助成金額 （1件あたり）	１００万円（上限）
申請手続き	所定の申請書と必要書類を事務局あてご郵送ください。 募集要項と申請書用紙は、ウェブサイトから一括ダウンロード。
応募期間 及び応募締切	２０２０年１０月１日（木）〜１１月１５日（日）消印有効　※２０２０年度実績
助成決定時期	２０２１年２月下旬　※２０２０年度実績
備　考	２０２１年度募集要項は９月中旬ごろに発表となります。
提出書類	①定款・規約 ● 　②団体の予算書・決算書 ● 　③役員名簿 ● 　④団体資料（パンフレット）● ⑤その他

にほんめいすんざいだん

一般財団法人	日本メイスン財団

| 住　所 | 105-0011 | 東京都港区芝公園4-1-3 |

| TEL | 03-3431-0033 | FAX | 03-3578-8440 |

ホームページ	http://www.masonicfoundation.or.jp
E-Mail	charity@masonicfoundation.or.jp

理念 事業の目的等	全人類が兄弟として友愛し、相互に助け合い、不遇の人々を救済することを使命とするフリーメイスンの精神を尊び、各種の障害、難病に苦しむ子供、社会的に恵まれない人々を支援する。各種の社会福祉慈善事業を助成し、また天災地変の被災者を救済し、もってわが国社会福祉の発展に寄与することを目的とする。
事業名	日本メイスン財団助成金事業
助成対象内容	＜助成内容＞ （1）難病の子供、障害児（者）、社会的弱者等を対象として、医療、保護・救済などの各種福祉活動を行う民間施設ボランティア団体への事業助成、施設の改善／機器・備品購入の助成、研究／啓発活動助成並びに障害者の文化・スポーツ活動への支援、特に児童の救済、福祉向上を目指す事業を支援等 （2）メイスン団体による児童福祉施設、障害児施設等へのクリスマス慰問及びイベント支援事業等 （3）天災地変に苦しむ人々への援助等 ＜助成対象事業＞ ①社会的弱者、障害児（者）の医療、自立、福祉向上を目的とした各種のボランティア活動 ②上記に関連する機器、施設の改善、備品購入資金の援助 ※特に児童を対象とする直接的支援プロジェクトを重視する。但し、人件費等の一般管理費又はＰＣ等ＩＴ機器で職員の事務用に転用できるものは助成の対象とならない。
助成対象団体	助成対象者は非営利法人、慈善団体とし、個人および営利団体・法人は除く。
助成金額 （総額）	約　18百万円（2018年度） 約　17百万円（2019年度） 約　　8百万円（2020年度）
助成金額 （1件あたり）	未定
申請手続き	応募は、当財団ＨＰ上の申請書フォームを利用して、必要書類を添付の上、郵送してください。
応募期間 及び応募締切	随時受付
助成決定時期	申請書の受領後、審査が終了するまで4〜5ヶ月を要する。 審査結果は直接本人に連絡する。
備考	
提出書類	①定款・規約 ● ②団体の予算書・決算書 ● ③役員名簿 ○ ④団体資料（パンフレット）● ⑤その他　見積書100万円以上の場合3社以上、未満は2社以上取得の上、添付

はうじんぐあんどこみゅにてぃざいだん

一般財団法人 **ハウジングアンドコミュニティ財団**

住　所	１０５－００１４　東京都港区芝２－３１－１９　バンザイビル７Ｆ

ＴＥＬ	０３－６４５３－９２１３	ＦＡＸ	０３－６４５３－９２１４

ホームページ	http://www.hc-zaidan.or.jp/
Ｅ－Ｍail	

理念 事業の目的等	ハウジングアンドコミュニティ財団（以下「本財団」）は、豊かな住環境の創造に貢献することを目的に、平成４（１９９２）年に財団法人として設立され、平成２３（２０１１）年に一般財団法人へと移行しました。 本財団では、世代を超えた良質な住環境をつくり、活力ある地域社会を構築するためには、市民の自発的な地域づくり・住まいづくりが不可欠と考え、このような活動を支援することを社会的使命として参りました。 １９９３年から開始した「住まいとコミュニティづくり活動助成」のこれまでの助成対象団体数は４４０団体にのぼります。
事業名	**住まいとコミュニティづくり活動助成事業**
助成対象内容	＜助成の対象となる活動＞ 　今日の人口減少社会、少子高齢化社会等を背景にした住まいとコミュニティに関する課題に取り組む市民の自発的な地域づくり・住まいづくり活動 ○社会のニーズに対応した地域活動 ○地域環境の保全と向上 ○地域コミュニティの創造・活性化 ○安心・安全に暮らせる地域の実現 ○その他、豊かな住環境の実現に繋がる活動 （１）地域・コミュニティ活動助成 地域づくりやコミュニティを基軸にした広範な市民活動に対する助成 （２）住まい活動助成 住まいや住宅地、団地、マンションなどを活動対象にして今日の多様な住宅問題に取り組む活動に対する助成
助成対象団体	営利を目的としない民間団体（特定非営利活動法人、法人化されていない任意の団体など）。
助成金額 （総額）	２，０００万円程度
助成金額 （1件あたり）	１２０万円以内
申請手続き	応募要項・申込書は、ホームページからダウンロードすることができます。
応募期間 及び応募締切	１１月中旬から１月中旬まで（予定）
助成決定時期	２月下旬から３月上旬に開催予定の選考委員会にて決定。
備　考	助成の方法：助成を受ける団体は、当財団と協定を取り交し、これに基づいて活動を実施することとし、助成金は原則年２回（１０月、３月）に分けて支払います。 報告書の提出：活動は所定の様式に沿った報告書としてまとめ、中間報告と完了報告を提出していただきます。 交流会及び成果報告会への参加：助成年度に開催する地域交流会や研究交流会で活動状況を報告していただくとともに、助成年度の翌年に開催される「助成事業成果報告会」で活動成果の発表を行っていただきます。 助成年度：助成は原則として１年間とします。なお、継続して助成することがありますが、この場合も年度ごとにあらためて申し込み、選考を受ける必要があります。
提出書類	①定款・規約 ● ②団体の予算書・決算書 ● ③役員名簿 ○ ④団体資料（パンフレット）● ⑤その他　ビジュアル資料（応募する活動の内容や活動の対象地域の地図などをわかりやすく図や絵、写真などでビジュアルに表現したもの。）

令和3(2021)年度「住まいとコミュニティづくり活動助成」
申込書

受付番号＿＿＿＿＿＿＿＿

助成区分 どちらか一方に☑を入れてください	□地域・コミュニティ活動助成	□住まい活動助成

■団体の概要

（1）団体名称等

（ふりがな） 団体名	
事務所 所在地	〒

TEL		FAX		E-mail	

URL	http://

団体設立時期	（西暦）　　　　年　　　　月	法人化した時期(NPO法人等の場合)	（西暦）　　　　年　　　　月

（2）団体のメンバー

●総数　　　　　人　（内訳：　専任スタッフ　　　　人　その他スタッフ　　　　人、会員　　　　人）

●団体の中心になるメンバー（年齢は○○代と記入してかまいません）

氏名	年齢	性別	職業	専門分野等	団体での役割 （会計を必ず記載）	専任 （専任に○）
（代表者）						

（3）連絡先 （代表者と同じ方でも結構です。平日日中に連絡のつくところをご記入ください。）

連絡先責任者氏名（ふりがな）		
住所　□自宅　□勤務先	勤務先の場合はその名称・部署名も	〒

TEL		FAX		E-mail	

（4）団体のミッション （今回の活動に限らない）

（5）団体の年間事業規模 （今回の活動に限らない）と資金の調達先

団体の年間事業規模 1.50万円未満　2.50万円以上100万円未満　3.100万円以上500万円未満　4.500万円以上1,000万円未満 5.1,000万円以上 （いずれかに○をしてください）
資金の調達先　それぞれのおおまかな割合(%)をご記入ください。 1.会費　　　%　2.寄付金　　　%　3.事業収入　　　%　4.補助金・助成金　　　%　5.その他(借入金、金利等)　　　%

■応募の内容（この助成によって行う活動の内容）と助成希望額

（1）活動のテーマ（25文字以内）とキーワード（4つ以内）

（活動のテーマ）

（キーワード）

（2）活動の地域

都道府県		市区町村		地区	

（3）活動の内容とスケジュール

①助成活動の具体的内容（活動内容ごとに番号を付し、具体的な内容を簡潔に記載してください。
また、活動を実施する体制や活動の準備状況などがわかるように記載してください。）

②助成活動のスケジュール（「活動の具体的内容」の日程をわかりやすく記載してください。）

（4）助成活動終了時（令和3(2021)年3月末）における具体的な達成事項

（5）期待される効果（地域に対する貢献など、具体的な効果を簡潔に記載してください。）

（6）協力者・協力団体（大学研究室、専門家、コンサルタントなど協力者や協力団体がある場合は記載してください。）

協力者・協力団体	協力内容

（7）団体の活動は現在、次のどの時期にあたると思いますか？

（該当する番号を選んでください）

1. 立ち上がり期　2. 発展・飛躍期　3. 安定期　4. 停滞を打破しようとしている時期
5. その他（　　　　　　　　　　　　　　　　　　　　　　　　　　　　　　　　　　）

（8）これまでの実績と団体の将来像
（これまでの実績と応募する活動との関係、助成後の活動の方向性、団体の将来像などをわかりやすく記載してください。）

（9）助成希望額
◆財団助成金希望額（120万円を上限としますので、合計はその範囲内としてください。）

費目	内容	活動区分⑬	金額（円）	費目合計（円）
人件費①				
事務局経費②				
旅費・交通費③				
会議費④				
実施活動費⑤				
印刷製本費⑥				
謝礼・委託費⑦				
その他⑧	地域交流会等参加交通費＋成果報告会参加交通費⑨			
合計			Ⓐ	

◆財団の助成金以外の資金

自己資金⑩				
補助金等⑪				
借入金⑫				
その他				
合計			Ⓑ	

◆助成対象活動に関する総事業費

総合計			Ⓐ＋Ⓑ	

※入力に際しては、裏面をご参照下さい。

（凡例）
① 人　　件　　費：助成対象活動に関わるメンバー（実施担当者・事務局）およびアルバイトなどの人件費。団体の経常的人件費は含まれません。
② 事 務 局 経 費：助成対象活動に関する家賃、光熱水費、通信費、文具等の消耗品購入費など
③ 旅費・交通費：助成対象活動に関する交通費、宿泊費など。ガソリン代や団体スタッフの経常的交通費は含まれません。
④ 会　　議　　費：助成対象活動のための会議、学習会、ワークショップ、見学会、イベント等の開催費など
⑤ 実 施 活 動 費：助成対象活動を行うための資材の購入費など助成対象活動の実施に必要な直接的な費用など
⑥ 印 刷 製 本 費：助成対象活動を行うための資料、成果物等の作成及び印刷費など
⑦ 謝礼・委託費：専門家や外部協力者への講師謝礼、委託報酬費など
⑧ そ　　の　　他：①から⑦に該当しない経費など
⑨ 地域交流会等参加交通費＋成果報告会参加交通費：活動地が関東甲信越、中部、関西地方は、70,000円、その他の地域は、100,000円を
　　　　　　　　　　　　　　　　　　　　　　　　　計上してください。
⑩ 自 己 資 金：活動団体自らの資金を充当する場合は、その金額を記載してください。
⑪ 補 助 金 等：財団以外からの補助金、交付金等も活用して活動・事業を行う場合、その金額（予定を含む）を記載してください。
⑫ 借　　入　　金：金融機関等から資金を借り入れて活動・事業を行う場合、その借入金額（予定を含む）を記載してください。
⑬ 活 動 区 分：No.2（3）①の「助成活動の具体的内容」のうち、該当する番号を記入してください。

なお、「人件費」と「事務局諸経費」の合計金額は、財団助成金希望額の50％未満とします。50％以上の申込書は選考対象外とします。
また、パソコンなどの耐久消費財の購入費は対象となりません。
財団の助成金以外の資金は条件ではありません。財団の助成金だけで賄う事業でも結構です。　　　　（申込書は記載後よく見直してください）

ぱちんこ・ぱちすろしゃかいこうけんきこう
一般社団法人　パチンコ・パチスロ社会貢献機構

住　所	162-0844　東京都新宿区市谷八幡町16　市ヶ谷見附ハイム103
TEL	03-5227-1047　FAX 03-5227-1049
ホームページ	http://www.posc.or.jp
E-Mail	

理念
事業の目的等
一般社団法人パチンコ・パチスロ社会貢献機構は、社会貢献事業が社会を支える極めて重要な活動であるとの観点に立ち、遊技産業並びに公的機関及び民間団体と連携しながら、文化及び芸術の振興、平和で住みよい社会づくり並びに、パチンコ・パチスロ依存問題の予防と解決に取り組む民間団体及び研究機関に対する支援などの社会貢献活動を推進することを目的としています。

事業名
（1）民間団体及び研究機関が行う活動及び研究に対する助成
（2）民間団体等が行う活動等に対する顕彰
（3）民間団体等が行う活動等の現状と今後の可能性を考える
　　　フォーラム等の開催
（4）前3号の事業その他の機構が推進する社会貢献活動に関
　　　する報告書の作成及び配布その他の広報活動の推進
（5）その他機構の目的を達成するために必要な事業

助成対象内容
一般助成
　以下の趣旨で実施する事業に対して助成します。
1．パチンコ・パチスロ依存問題の予防と解決に取組む事業・研究への支援
2．子どもの健全育成支援
3．昨今の社会情勢により生活に困難を抱えている若い世代（親子を含む）への支援
4．障がいを持つ子どもたちや孤立する高齢者に対する支援
5．日本国内各地の災害被災者の支援や被災地復興のための支援

特別助成
1．パチンコ・パチスロ依存問題の予防と解決に取り組む研究機関への、研究成果周知に対する支援

助成対象団体
助成の対象とする団体は、以下の団体に限ります。
　・民間の非営利組織であること（法人格の有無や種類を問いません）
　・日本国内に事務所・連絡先があること
　・政治、宗教活動を目的とせず、また反社会的勢力とは一切関わりがないこと
　・金融機関に申請団体名義の口座があること
※ 個人が単独で運営・実施する事業は対象となりません。

助成金額
（総額）
2021年度は総額5,470万円

助成金額
（1件あたり）
200万円（限度額1件）

申請手続き
申請書はHPよりダウンロードしてください。

応募期間
及び応募締切
2021年度の申請期間は2020年11月9日（月）～2020年12月11日（金）

助成決定時期
2021年3月に通知

備　考
毎年募集内容が変わるので、HPの募集要領をご覧ください。

提出書類
①定款・規約　●　②団体の予算書・決算書　●　③役員名簿　●　④団体資料（パンフレット）　●
⑤その他

	ぱぶりっくりそーすざいだん
公益財団法人	**パブリックリソース財団**

住　所	104-0043　東京都中央区湊2-16-25-202

TEL	03-5540-6256	FAX	03-5540-1030
ホームページ	http://www.public.or.jp/		
E-Mail	center@public.or.jp		

理念 事業の目的等	パブリックリソース財団の使命は、「意志ある寄付」で社会を変えることです。 人々が持つ利他的な志を尊重し最大限に生かすため、人々の持つ資源を寄付という形で新たな未来を創造する社会的活動につなげ、社会を変える資源の流れをつくることによって、人々の志を実現し、一人ひとりの生命と尊厳が守られる持続可能な社会の実現に寄与します。 そのために、助成先のNPOや社会的企業が成果を上げることを重視し、資金だけではない、組織基盤強化につながるような支援も併せて行います。また、助成による活動がどのような社会の変化をもたらしているのかを評価することで、寄付者にとっての「手ごたえのある寄付」を目指しています。
事業名	1 「未来につなぐふるさと基金」 2 「ふくしま未来基金」 3 「コロナ給付金寄付プロジェクト」 4 「働く力応援基金」 5 「石川清子基金（仮称）」 6 「休眠預金等活用法に基づく新型コロナウィルス対応緊急支援助成事業　コロナ禍の住宅支援事業」
助成対象内容	1 「未来につなぐふるさと基金」：生物多様性の保全・啓発を目的とした市民参加型プログラム 2 「ふくしま未来基金」：福島が将来にわたり誰もが活き活きと生きていける地域となることに貢献するNPOや社会企業を支援 3 「コロナ給付金寄付プロジェクト」：新型コロナウイルス感染拡大の影響を受けて資金的支援を必要としている産業（医療分野、福祉・教育・子ども分野、文化・芸術・スポーツ分野、経営困難に追い込まれた中小企業の4分野）を支援 4 「働く力応援基金」：様々な理由で働くことに困難を抱える方々を、働きがいのある就労につなげ、インクルーシブな世界の実現を図る 5 「石川清子基金（仮称）」：政治家や、民間非営利組織の理事・スタッフ、社会起業家を志望する個人を応援 6 「休暇預金等活用法に基づく新型コロナウィルス対応緊急支援助成事業　コロナ禍の住宅支援事業」：新型コロナウィルス感染症拡大の影響で住まいや居場所を失い、生活の立て直しが必要な人を対象に、「住まい」と「就労支援を含む自立支援」をセットで提供する社会的事業構築を、住宅物件取得のための初期投資へ資金提供することで支援
助成対象団体	1 NPO法人、一般法人、公益法人、任意団体などの市民活動団体 2 福島内に所在する、または活動する団体。法人格の有無や種類は問わないが、活動を長期的に継続する意欲のある団体 3 医療分野：日本国内で新型コロナウイルス感染疾患者の治療に取り組む医療機関あるいは医療機関の支援団体（公益法人やNPO法人などの非営利法人及び任意団体） 福祉・教育・子ども分野：介護施設、障害者施設、学校、保育所、学童保育、学習支援団体、DV防止団体、生活困窮者支援団体等の非営利団体（任意団体、一般社団法人も可） 文化・芸術・スポーツ分野：【個人】新型コロナウイルスの感染拡大の影響及び感染症拡大防止策の影響で、活動の休止・中止・延期等により経済的影響を受けた文化・芸術・スポーツ活動の担い手【団体】新型コロナウイルスの感染拡大の影響及び感染症拡大防止策の影響で、休業・閉鎖等により経済的影響を受けた団体　※法人格の有無・種別は問いません（任意団体でも可） 経営困難に追い込まれた中小企業：新型コロナウイルスの感染拡大によって経済的影響を受けていて、かつ障害者、女性、若者の雇用促進や経営参加に取り組んでいるなど、社会や地域に貢献する中小企業等および個人事業主 4　次のいずれかに該当する事業を行う団体 ①就労移行支援事業

	②就労定着支援事業 ③就労継続支援Ａ型 ④就労継続支援Ｂ型 ⑤その他行政からの委託や補助を受けて行う就労支援事業 ⑥上記のいずれにも該当しない独自の就労支援事業 5①政治家志望、②民間非営利組織の理事・スタッフ志望者、③社会起業家志望者の 　個人 6生活再建に向けた支援活動の実績が３年以上ある団体で、コロナ禍で失業等により 　住まいを失った方に住宅を提供している、法人格を持つ非営利組織の団体（ＮＰＯ 　法人、社会福祉法人、財団・財団法人など）
助成金額 （総額）	1「未来につなぐふるさと基金」２５０万円 2「ふくしま未来基金」８００万円 3「コロナ給付金寄付プロジェクト」 医療分野　２，５００万円 福祉・教育・子ども分野　８００万円 文化・芸術・スポーツ分野　５５０万円 経営困難に追い込まれた中小企業　２，４２０万円 4「働く力応援基金」４，５１１万円 5「石川清子基金（仮称）」４，５００万円 6「休眠預金等活用法に基づく新型コロナウィルス対応緊急支援助成事業　コロナ禍の住宅支援 事業」　４億２，５００万円
助成金額 （1件あたり）	1「未来につなぐふるさと基金」５０万円 2「ふくしま未来基金」１００万円 3「コロナ給付金寄付プロジェクト」 医療分野　５００万円 福祉・教育・子ども分野　２００万円 文化・芸術・スポーツ分野　【団体】：２００万円、【個人】：３０万円 経営困難に追い込まれた中小企業　【法人】１００万円、【個人】：３０万円 4「働く力応援基金」　５００万円（一部条件で８００万円まで可） 5「石川清子基金（仮称）」　１００万円 6「休眠預金等活用法に基づく新型コロナウィルス対応緊急支援助成事業　コロナ禍の住宅支援 事業」　１億円
申請手続き	弊財団ＨＰをご参照ください。
応募期間 及び応募締切	1　毎年１１月頃 2　２０２１年５月下旬～６月中旬（予定） 3　２０２１年は５月以降複数回実施予定 4　２０２２年１月頃 5　２０２１年７～８月頃 6　２０２１年５月
助成決定時期	1　毎年２月頃 2　２０２１年７月下旬（予定） 3　２０２１年は７月以降 4　２０２２年３月頃 5　２０２１年１０月初旬 6　２０２１年８月
備　考	
提出書類	①定款・規約 ● 　②団体の予算書・決算書 ● 　③役員名簿 ● 　④団体資料（パンフレット）　● ⑤その他　基金によって異なるので、各基金の応募要項をご参照ください。

	はらだせきぜんかい	
公益財団法人	**原田積善会**	

住 所	158-0082	東京都世田谷区等々力3-33-3

TEL	03-3701-0425	FAX	03-3701-2111

ホームページ	http://www.haradasekizenkai.or.jp
E-Mail	haradasekizenkai@p00.itscom.net

理念 事業の目的等	社会福祉事業の増進、学芸技術の振興、文化事業の奨励および国際相互理解の促進に寄与することを目的とします。
事業名	**助成および寄付全般**
助成対象内容	上記の目的に合致する事業であれば、特に対象を限定せず、幅広く、機動的に助成・寄付を行っていますが、当会全体の年度予算との関係等を考慮しながらの運営となります。
助成対象団体	特に限定いたしません。
助成金額 （総額）	19,326千円（2020年度助成金・寄付金合計額）
助成金額 （1件あたり）	原則として300千円～500千円。
申請手続き	電話、ファックス等で適宜受付けますが、出来れば、社会福祉協議会、共同募金会、地方公共団体福祉関係部署等の推薦や紹介があった方が望ましい。
応募期間 及び応募締切	通年
助成決定時期	通年
備 考	
提出書類	①定款・規約 ● ②団体の予算書・決算書 ● ③役員名簿 ● ④団体資料（パンフレット） ● ⑤その他

生活協同組合	ぱるしすてむとうきょう **パルシステム東京**

住　所	１６９−８５２６　東京都新宿区大久保２-２-６　　ラクアス東新宿７Ｆ

ＴＥＬ	０３−６２３３−７６０５	ＦＡＸ	０３−３２３２−２５８２

ホームページ	http://www.palsystem-tokyo.coop/
Ｅ−Ｍａｉｌ	paltokyo-chiiki@pal.or.jp

理念 事業の目的等	組合員が商品等を利用することでうまれた剰余金をもとに設立された基金です。誰もが安心して暮らしていける地域社会と環境を守り持続可能な社会を目指す市民活動へ助成します。 　生活協同組合パルシステム東京の組織を越えた自主的な市民活動を資金面で支援する制度です。生活協同組合パルシステム東京と市民活動とのネットワークを広げることを通じて、よりよい地域社会作りに貢献することを目的とします。

事業名	**パルシステム東京市民活動助成基金**

助成対象内容	東京都を主たる活動エリアとし、活動している又は活動を予定している市民団体であること。申請は１団体１申請に限ります。使途目的にかかわる基準は（１）助成事業に合致した物品の購入費用の全額又は一部。（２）活動・事業に要する運営費用の一部（通信費、旅費交通費、使用料及び賃借料等）。（３）事業立ち上げに要する費用の一部を認めることがあります。※領収証の日付が年度内であること

助成対象団体	団体の規模及び法人格の有無は問いません。但し、営利団体、宗教団体、趣味等に関する団体及び政治団体、法令または法令等に基づく行政庁の処分に違反する事業活動等は除きます。

助成金額 （総額）	５００万円

助成金額 （１件あたり）	５０万円コースと１０万円コース

申請手続き	７月の初めにＨＰでご案内をします。そこでご確認ください。

応募期間 及び応募締切	７月末郵送等での受付となっています。（持込不可）こちらも募集時のＨＰでご確認ください。

助成決定時期	９月末

備　考	通年６月初旬に開催される総代会の「剰余金処分案」についての議決に基づきその月の第４木曜に開催されるパルシステム東京理事会にて承認され、助成金の実施が決定されます。実施の有無は７月初めのＨＰでご確認ください。 助成団体に確定したら１０月初旬の伝達式への参加が必要です。１０～１２月に運営委員による訪問があります。また翌７月に開催される成果報告会で活動報告が必須です。

提出書類	①定款・規約　◉　②団体の予算書・決算書　◉　③役員名簿　◉　④団体資料（パンフレット）　◉ ⑤その他　備品購入の場合、見積書

ふぁいざーかぶしきがいしゃ
ファイザー株式会社

住　所	151-8589	東京都渋谷区代々木3-22-7　新宿文化クイントビル
TEL	03-5309-7000	FAX
ホームページ	http://www.pfizer.co.jp/	
E-Mail		

理念 事業の目的等	このプログラムは、ヘルスケアを重視した社会の実現に向けて、「心とからだのヘルスケア」の領域で活躍する市民団体や患者団体・障がい者団体による、「健やかなコミュニティづくり」の試みを支援することを目的としています。 　ここでの「ヘルスケア」とは、保健・医療・福祉・生活のみならず、就労等の社会参加活動も含めて一体として捉え、一人ひとりの多様な生き方を支え、心豊かな社会を実現する取り組みを意味しています。また、「コミュニティ」とは、特定の地域社会はもちろんのこと、共通の思いや立場による人々の集まりも含めて考えています。 　「ヘルスケア」に関する「コミュニティ」をベースにした市民活動や市民研究への支援を通じ、「あらゆる世代」にとってのより充実した生き方への一助になることを願っています。 　なお、本年は新型コロナウイルス感染症によって大きく傷ついた「健やかなコミュニティ」が市民の力でいち早く回復することを願い、そのような取り組みも応援します。
事業名	**ファイザープログラム　～心とからだのヘルスケアに関する市民活動・市民研究支援**
助成対象内容	助成の対象となるプロジェクトは、「心とからだのヘルスケアに関する市民活動および 市民研究」です。 　「プログラムの趣旨」に合うものとしますが、本年度からは特に下記の3点を重点課題として助成します。また、「市民研究」への取り組みも期待しています。 　　(1) 当事者が主体となって、市民や専門家と協力して進める取り組み 　　(2) 関係する団体等と連携し、ネットワークを強化し広げる取り組み 　　(3) 現場の視点から新たな課題を発掘し、その解決を目指す取り組み 以上の重点課題に限らず、新たな発想による独創的で試行性の強い取り組みは助成対象とします。 　なお、このような取り組みは①実態調査→②企画開発→③実践→④評価→⑤普及・発展というプロセスを経ると思われますが、何れの段階についても応援します(複数の段階も可)。特に、①実態調査と④評価では、市民研究が重要な役割を果たすものと考えています。 プロジェクトの検討にあたり、詳しくは「応募企画書作成の手引き」をご確認ください。
助成対象団体	下記の要件を満たした団体に限ります（個人は対象となりません）。 ①民間の非営利団体であること（法人格の種類や有無を問わない）。 ②市民が主体的に参加して活動する団体であること。 ③日本国内に活動拠点があり、原則として2年以上の活動や研究の実績があること。 ④目的や活動内容が特定の政治・宗教などに偏っておらず、反社会的勢力とは一切関わっていないこと。 ＊適用法令・医薬品業界内ルール・弊社社内規程などに照らして不適格と判断される場合や、弊社ビジネスへ有利な影響をもたらす可能性があると判断される場合には、助成対象とはなりません。この点、予めご了承ください。
助成金額 （総額）	1,500万円
助成金額 （1件あたり）	50万円～300万円
申請手続き	※応募要項・応募用紙・応募企画書作成の手引きは、ファイザー株式会社のウェブサイトからダウンロードしてご利用ください。http://www.pfizer.co.jp/ <応募方法> 　所定の応募用紙に必要事項を記入して応募企画書（2部）を作成し、6月30日（火）【必着】までに、下記ファイザープログラム事務局宛に、配達記録が残る郵便または宅配便にてお送りください。応募企画書の作成に際しては、「応募企画書作成の手引き」をご確認ください。 ＊ご来所、メール便、電子メール、FAXによる応募は、お受けしておりません。 ＊手書きの応募企画書は、受け付けておりません。必ずパソコンで作成してください。 ＊応募企画書以外の書類は、選考の対象となりませんので、お送りいただく必要はありません。 ＊お送りいただいた応募企画書は、お返し致しませんので、応募の際にコピーをとって団体で保管ください。

応募期間 及び応募締切	２０２０年６月１５日（月）〜６月３０日（火）【必着】
助成決定時期	予備選考の結果は８月中に、選考の結果は１１月下旬に文書にてお知らせします。 ＊助成が決定した案件については、推薦理由をファイザー株式会社のウェブサイトにて公表致します。 ＊助成に至らなかった理由に関するお問い合わせには応じかねますので、予めご了承ください。
備　考	
提出書類	①定款・規約 ●　②団体の予算書・決算書 ●　③役員名簿 ●　④団体資料（パンフレット）● ⑤その他　申請の際には、必要ありませんが選考の過程でご提出頂く場合がございます。

住　所	105-8486　東京都港区虎ノ門4-3-13　ヒューリック神谷町ビル9階

TEL	03-3438-4756	FAX	03-3438-0218

ホームページ	https://www.wam.go.jp/hp/cat/wamjosei/
E-Mail	

理念 事業の目的等	〈通常助成事業〉 社会福祉振興助成事業（WAM助成）は、政策動向や国民ニーズを踏まえ、民間の創意工夫ある活動や地域に密着したきめ細やかな活動等に対し助成を行い、高齢者・障害者等が自立した生活を送れるよう、また、子どもたちが健やかに安心して成長できるよう必要な支援を行うことを目的としています。 〈モデル事業〉 社会課題が一層複雑化するなか、これまで民間福祉活動団体が培ってきたノウハウや連携体制をもとに、事業を通じて新たに明らかとなった課題や社会的に認知が進んでいない課題に対応することを目的としています。

事業名	**社会福祉振興助成事業（WAM助成）**

助成対象内容	〈通常助成事業〉 助成の対象となる事業は、要望団体が自ら主催するもので、他の団体（社会福祉法人、医療法人、特定非営利活動法人、公益法人、企業、自治体、ボランティア団体等）と相互に連携して次のいずれかの事業を実施し、かつ助成対象テーマに該当するものとします。 　※助成期間は1年間となります。 ①地域連携活動支援事業 　地域の多様な社会資源を活用し、複数の団体が連携やネットワーク化を図り、社会福祉諸制度の対象外のニーズ、その他地域の様々な福祉のニーズに対応した地域に密着した事業（同一都道府県内） ②全国的・広域的ネットワーク活動支援事業 　全国又は広域的な普及・充実等を図るため、複数の団体が連携やネットワーク化を図り相互にノウハウを共有し、社会福祉の振興に資する創意工夫ある事業又は社会福祉施策等を補完若しくは充実させる事業 　【助成対象テーマ】 Ⅰ．安心につながる社会保障 （1）安心して暮らせるための地域共生社会の実現に向けた包括的な支援に資する事業 （2）求められる介護サービスを提供するための多様な人材の確保、生産性の向上に資する事業 （3）介護する家族の不安や悩みに応える相談機能の強化・支援体制の充実に資する事業 （4）介護に取り組む家族が介護休業・介護休暇を取得しやすい職場環境の整備に資する事業 （5）介護と仕事を両立させるための働き方改革の推進に資する事業 （6）元気で豊かな老後を送れる健康寿命の延伸に向けた取り組み強化及び高齢者への多様な就労の機会の確保に資する事業 （7）障害者、難病患者、がん患者等の活躍を支援する事業 Ⅱ．夢をつむぐ子育て支援 （8）結婚、子育ての希望実現の基盤となる若者の雇用安定・待遇改善に資する事業 （9）妊娠・出産・育児に関する各段階の負担・悩み・不安を切れ目なく解消するための支援事業 （10）子育てを家族で支える三世代同居・近居しやすい環境づくりに資する事業 （11）出産後・子育て中も就業が可能な多様な保育サービスの充実・多様な人材の確保・生産性の向上に資する事業 （12）出産・子育ての現場である地域の実情に即した働き方改革の推進に資する事業 （13）希望する教育を受けることを阻む経済事情など様々な制約の克服に資する事業 （14）子育てが困難な状況にある家族・子供等への配慮・対策等の強化に資する事業 〈モデル事業〉 助成の対象となる事業は、要望団体が自ら主催するもので、他の団体（社会福祉法人、医療法人、特定非営利活動法人、公益法人、企業、自治体、ボランティア団体等）と相互に連携して次のいずれかの事業を実施、かつ助成対象テーマに該当し、モデル事業の要件を満たすものとします。 　※事業計画に基づき、連続する2年又は3年にわたり助成金の交付対象とすることを予定しています。 ①地域連携活動支援事業 　助成先団体が関係機関との継続的・相互的な連携体制の機構を通じて、政策化・制度化を目指すことをもって、地域における面的な成果の広がりを目指す事業

備考	②全国的・広域的ネットワーク活動支援事業 　助成先団体が幹事的役割を果たし、各地域のNPO等との継続的な連携体制の構築を通じて、政策化・制度を目指すことをもって、全国的・広域的なセーフティネットの充実を図る事業 【助成対象テーマ】 〈通常助成事業〉と同じ 《モデル事業の要件》 ・国や自治体において政策化・制度化を目指す新たな「モデル」となり得る活動であること ・既存事業の継続のみを目的とした計画や通常助成事業と同じ申請内容を複数年継続する計画は対象外 ・複数年にわたり安定した運営を行うため、事業の実施体制を確実に確保すること ・連携団体と事業目標の共有化を図った上で事業を推進すること ・事業成果の可視化を念頭に置き、評価を実施すること ・外部評価者又は伴走支援者（※）と共に定期的な進捗管理を行い、結果を報告すること 　（※）外部評価者又は伴走支援者の人数については、特に制限を設けていませんが、政策化・制度化につなげていくために必要な調査の補助及び政策化・制度化に向けての事業の進捗、改善、成果の可視化等について客観的な視点での助言等がその役割として求められるため、助成事業で取り組む課題・分野の専門家を必ず入れるようにしてください。
助成対象団体	【助成対象者】 社会福祉の振興に寄与する事業を行う、営利を目的としない次の団体 　＊社会福祉法人 　＊医療法人 　＊公益法人（公益社団法人又は公益財団法人） 　＊NPO法人（特定非営利活動法人） 　＊一般法人（法人税法上の非営利型法人の要件を満たす一般社団法人又は一般財団法人） 　＊その他社会福祉の振興に寄与する事業を行う法人又は団体 　　ただし、上記の団体であっても次に該当する場合は除きます。 　＊反社会的勢力及び反社会的勢力と密接な関係にある団体 　＊過去において法令等に違反する等の不正行為を行い、不正を行った年度の翌年度以降 　　５年間を経過しない団体 　＊監事を設置していない団体（定款等に監事の設置規定がないものを含む） 【助成対象経費】 謝金、旅費（国内旅費及び外国旅費）、借料損料（会場借料含む）、家賃、備品購入費、消耗品費（燃料費、食材費及び会議費含む）、印刷製本費、通信運搬費、賃金、委託費、保険料、雑役務費、光熱水費
助成金額 （総額）	令和２年度助成決定額　　　　　　　　　　　　　　６０８，７４９千円（１４２件） ○地域連携活動支援事業　　　　　　　　　　　　４５７，９０９千円（１１２件） ○全国的・広域的ネットワーク活動支援事業　　　１５０，８４０千円（　３０件）
助成金額 （1件あたり）	〈通常助成事業〉 助成対象事業毎の助成限度額は、次のとおりとします。 ○地域連携活動支援事業　　　　　　　　　：５０万円〜７００万円 ○全国的・広域的ネットワーク活動支援事業：５０万円〜※９００万円 ※なお、次のいずれかに該当し、外部有識者からなる社会福祉振興助成事業審査・評価 　委員会が特に認める場合は、全国的・広域的ネットワーク支援事業において、２，０００ 　万円の範囲内で上記助成金額を越えることができます。 　・災害支援等十分な資金の確保が必要な事業を行う場合 　・４以上の都道府県を網羅し、大規模かつ広範囲に活動を行う事業の場合 〈モデル事業〉 ○３年間の合計：３，０００万円まで ○２年間の合計：２，０００万円まで
申請手続き	○独立行政法人福祉医療機構NPOリソースセンターへ応募してください。 ○その他申請手続きの詳細については、別途募集要領を独立行政法人福祉医療機構のホームページ等に掲載し、お知らせします。
応募期間 及び応募締切	○令和２年度分助成事業の募集期間は、令和２年１月６日〜２月３日まで。 ○令和３年度分助成事業の募集期間は、令和２年１２月２５日〜令和３年２月１日まで。 ○令和４年度分助成事業の募集の詳細は別途、ホームページ等でご案内します。
助成決定時期	令和２年度助成事業の選定結果→令和２年４月１日 令和３年度助成事業の選定結果→令和３年４月１日
備考	社会福祉振興助成事業の審査及び事業評価は、機構において設置する外部有識者による「社会福祉振興助成事業審査・評価委員会」において行われます。
提出書類	①定款・規約　●　②団体の予算書・決算書　●　③役員名簿　●　④団体資料（パンフレット）　● ⑤その他

ぶんぶとうきょうすぽーつぶんかかん
BumB東京スポーツ文化館

住　所	136-0081 東京都江東区夢の島2-1-3　社会教育セクション
TEL	03-3521-7323　FAX 03-3521-3506
ホームページ	http://www.ys-tokyobay.co.jp
E-Mail	bumb@partners1.co.jp
理念 事業の目的等	青少年の自立と社会性を育むことを目的とします。
事業名	**チャレンジ・アシスト・プログラム**
助成対象内容	社会的な公益につながる活動とし、①～④の全て期待できる活動 ①人とつながる活動（社会参加） ②社会をよりよくしていこうとする活動（課題解決・社会への有益性） ③新しい価値を生み出す活動（創造性） ④継続性が期待できる、発展が期待できる活動（継続性）
助成対象団体	都内在住、在学、在勤いずれかの高校生世代からおおむね30歳以下の方が中心となって活動するグループ。グループの代表者は20歳以上、発足して3年以内のグループ。実績のないグループでも応募できます。
助成金額 （総額）	100万円
助成金額 （1件あたり）	30万円まで
申請手続き	BumBのHPから募集要項、申請書がダウンロードできます。 申請書の他にA4用紙4ページ以内にグループ紹介、活動内容の資料を送付
応募期間 及び応募締切	4月9日～5月22日
助成決定時期	書類審査6月13日で選出されたグループが第二次審査七月四日でオンラインによる公開プレゼンテーションを行い、その場で助成グループを決定。
備　考	
提出書類	①定款・規約 ●　②団体の予算書・決算書 ●　③役員名簿 ●　④団体資料（パンフレット） ● ⑤その他　グループ活動の資料

	べねっせこどもききん	
公益財団法人	**ベネッセこども基金**	

住 所	２０６－８６８６	東京都多摩市落合１－３４	
ＴＥＬ	０４２－３５７－３６５９	ＦＡＸ	０４２－３５６－７３１３
ホームページ	https://benesse-kodomokikin.or.jp/		
Ｅ－Ｍａｉｌ	info@benesse-kodomokikin.or.jp		

理念 事業の目的等	未来ある子どもたちが、安心して自らの可能性を広げられるような社会を目指し、子どもたちを取り巻く社会的な課題の解決および多様な学びの機会の提供に取り組む。
事業名	１．重い病気を抱える子どもの学び支援活動助成 ２．経済的困難を抱える子どもの学び支援活動助成 ３．被災した子どもの学びや育ちの支援活動助成
助成対象内容	１．重い病気により長期入院や長期療養をしており、学びへの意欲向上や学習の支援が必要な子どもたちに対しての学習機会の提供や環境づくりなどの活動を行う団体に対しての助成。 ２．経済的困難により学びへの意欲向上や学習の支援が必要な子どもたちに対しての学習機会の提供や環境づくりなどの活動を行う団体に対しての助成。 ３．災害の影響により学びへの意欲向上や学習の支援が必要な子どもたちに対しての学習機会の提供や環境づくりなどの活動を行う団体に対しての助成。
助成対象団体	１～３ ・ＮＰＯ・財団法人等の非営利活動を行う団体。
助成金額 （総額）	１．１，０００万円 ２．２，０００万円 ３．２，０００万円
助成金額 （１件あたり）	１．５０～２００万円程度 ２．最大３か年で総額９００万円以内 ３．上限５０万円
申請手続き	ベネッセこども基金サイトにてフォーマット提示。メール送付か郵送。
応募期間 及び応募締切	２０２１年予定日程の詳細は決定し次第ベネッセこども基金サイトにてお知らせ １．２０２１年７月～２０２１年９月 ２．２０２１年１１月～２０２２年１月 ３．助成対象となる災害・地域決定後～２か月間
助成決定時期	１．２０２１年１２月 ２．２０２２年３月 ３．決定次第すぐに
備 考	
提出書類	①定款・規約 ● ②団体の予算書・決算書 ● ③役員名簿 ● ④団体資料（パンフレット） ● ⑤その他

認定NPO法人	まちぽっと **まちぽっと（ソーシャル・ジャスティス基金）**

住　所	１６０－００２１　東京都新宿区歌舞伎町２－１９－１３　ASKビル５階

TEL	０３－５９４１－７９４８	FAX	０３－３２００－９２５０

ホームページ	http://socialjustice.jp
E－Mail	info@socialjustice.jp

理念 事業の目的等	社会的公正実現のために、抑圧された声、封印された声をすくい上げるアドボカシー活動を支援しています。 　意思表明権や参加する権利への認識を高め、多様な人々の想いが受け止められる社会となるよう、とくに周縁化されやすい声をすくい上げ、社会の仕組みや法制度づくりに生かすアドボカシー活動を対象としています。 　具体的な公募テーマは、各年度の助成公募要項にて発表いたします。２１年度は８月初までにソーシャル・ジャスティス基金のホームページにて助成公募のご案内を開始する予定です。
事業名	**ソーシャル・ジャスティス基金**
助成対象内容	＜２０２０年度公募―ご参考―＞ 「見逃されがちだが、大切な問題に対する取り組み」を対象としたアドボカシー（社会提案・政策提言）活動
助成対象団体	団体・法人（法人格を問わない）・個人の事業が対象です。
助成金額 （総額）	＜２０年度―ご参考―＞３００万円
助成金額 （１件あたり）	＜２０年度―ご参考―＞１００万円
申請手続き	２１年度の申請用紙や助成公募要項は２１年８月初までにソーシャル・ジャスティス基金のホームページからダウンロードできるようにする予定です。助成の申請書類の提出は、全てオンラインで行っていただきます。申請方法の詳細は２１年度の助成公募要項に掲載されます。
応募期間 及び応募締切	２１年度は、応募期間は２１年９月１日から２０日（応募締め切り日は２０日）の予定。
助成決定時期	２１年度は２１年１２月の予定
備　考	２１年度の助成公募要項及び申請書は２１年８月初までにソーシャル・ジャスティス基金のホームページに掲載予定です。
提出書類	①定款・規約 ● 　②団体の予算書・決算書 ● 　③役員名簿 ● 　④団体資料（パンフレット）● ⑤その他　前年度の活動報告

公益財団法人 まちみらい千代田 まちみらいちよだ	

住　所	101－0054　千代田区神田錦町3－21　ちよだプラットフォームスクウェア4階
TEL	03-3233-7555　　　FAX　03-3233-7557
ホームページ	https://www.mm-chiyoda.or.jp
E－Mail	info@mm-chiyoda.or.jp

理念 事業の目的等	「千代田まちづくりサポート」は、現在、将来にわたって千代田区を活気ある、住みよい魅力的なまちにする、市民の自主的で主体的なまちづくり活動を応援し助成する事業で、平成 10年（1998）、財団法人千代田区街づくり推進公社ではじまり、公益財団法人まちみらい千代田が事業継承し実施しています。 　これまで、延べ251グループの活動に助成してきました。
事業名	**千代田まちづくりサポート（はじめて部門・一般部門）**
助成対象内容	活動内容については、活動されるグループが独自に考えたものとなりますが、参考として、これまでの事例を下記に例示します。 ・地域のまちづくりへの提案をまとめる活動 ・まちづくりに関するワークショップ、シンポジウム等の活動 ・まちづくりに関する調査研究 ・まちづくりグループのネットワークづくり ・地域の情報を提供する活動　など
助成対象団体	＊はじめて部門 ・千代田区を活気ある、住みよい魅力的なまちにしようとする、市民主体のまちづくり活動の第一歩を踏みだそうとしている活動に対して助成を行います。 ・1回限りの助成とします。継続する場合は一般部門への応募となります。 ・経験豊富な専門家などが中心となるグループは除きます。 ＊一般部門 ・千代田区を活気ある、住みよい魅力的なまちにしようとする、市民主体のまちづくり活動に対して助成を行います。 ・一つの活動に対して、3回まで助成が受けられます。
助成金額 （総額）	都度の予算による
助成金額 （1件あたり）	＊はじめて部門 　一律 5万円 ＊一般部門 　5～50万円
申請手続き	ウェブサイトより応募用紙をダウンロードし、作成後に電子メールで事務局へ提出。
応募期間 及び応募締切	＜例年＞ 応募相談（5月10日頃）、応募受付（5月20日頃）、応募締め切り（6月15日頃）
助成決定時期	7月（公開審査会）
備　考	詳細はウェブサイトをご覧ください。
提出書類	①定款・規約　●　②団体の予算書・決算書　●　③役員名簿　●　④団体資料（パンフレット）　● ⑤その他　　応募用紙

公益財団法人	まちみらいちよだ **まちみらい千代田**

住　所	101-0054　千代田区神田錦町3-21　ちよだプラットフォームスクウェア4階
TEL	03-3233-7555　　　　FAX　03-3233-7557
ホームページ	https://www.mm-chiyoda.or.jp
E-Mail	info@mm-chiyoda.or.jp

理念 事業の目的等	千代田区において、地域のまちづくり活動の拠点づくりや、歴史的建造物、地域の小スペースなどを活用した、造作をともなったまちづくり活動に対して助成をします。 　この「普請部門」は、一般財団法人民間都市開発推進機構による「住民参加型まちづくりファンド」への資金拠出制度を活用し設けた部門です。 　空き室のリノベーションによる活動拠点や、看板建築などの木造建築を保全しながら活用する活動、アダプト制度のような市民が自主的に都市環境を整備する活動など、場や空間のハード整備が助成対象となります。調査や計画づくりだけのいわゆるソフトのみの活動は対象となりません。 　整備提案の内容によっては、建築デザインや建築法規、造園などの専門知識が必要となる場合があります。専門家の紹介を希望されるグループはご相談ください。
事業名	**千代田まちづくりサポート（普請部門）**
助成対象内容	整備の実施および向こう5年程度の継続的利用について、土地建物所有者(管理者)との合意が得られており、かつ建築基準法などの法令を順守した整備提案を応募対象とします。
助成対象団体	助成対象となる活動について、大きく「拠点づくり事業」と「歴史・文化・都市環境の保全活用事業」の2種類の事業を想定しています。 ■拠点づくり事業 　◇家守事業の拠点 　◇マンション住民・地域住民の交流拠点 　◇事務所ビルの空室などを活用した交流拠点 　◇地域イベントを通じた交流拠点 　◇学生を呼び込む拠点 　◇子供との交流拠点　など ■歴史・文化・都市環境の保全活用事業 　◇アダプト制度を活用した市民提案の整備事業 　◇小広場や小公園、橋詰広場など小スペースの整備活動 　◇景観条例における重要物件などの保全活用事業 　◇看板建築など古い木造建築物の保全活用事業　など
助成金額 （総額）	都度の予算による
助成金額 （1件あたり）	一次審査　一律　10万円、二次審査　最大　500万円
申請手続き	ウェブサイトより応募用紙をダウンロードし、作成後に電子メールで事務局へ提出。
応募期間 及び応募締切	＜例年＞ 応募相談（5月10日頃）、応募受付（5月20日頃）、応募締め切り（6月15日頃）
助成決定時期	7月の公開審査会
備　考	詳細はウェブサイトをご覧ください。
提出書類	①定款・規約　●　②団体の予算書・決算書　●　③役員名簿　●　④団体資料（パンフレット）　● ⑤その他　応募用紙

社会福祉法人	まつのはなききん **松の花基金**

住　所	103-0004　東京都中央区東日本橋1-7-2　長坂ビル内
TEL	03-5848-3645　　FAX 03-3861-8529
ホームページ	http://matsunohana.jp/
E-Mail	
理念 事業の目的等	当基金は専ら知的障害児（者）の福祉向上を目的として設立された社会福祉法人です。
事業名	
助成対象内容	次の要件を満たすものが対象となります。 ①知的障害児（者）の福祉向上のために行われる 　（1）事業 　（2）調査研究およびそれに附随する事業 　であること。 ②営利を目的としないこと。
助成対象団体	○事業計画に従って遂行する能力があること。 ○原則として、社会福祉法人、民法第34条の公益法人、又は知的障害児（者）の福祉に関する 　専門的研究者（団体）等であること。 ○助成事業者等として不適当と認められる行為が無かったこと
助成金額 （総額）	総額500万円
助成金額 （1件あたり）	定めなし
申請手続き	ホームページより申請書をダウンロードして、当基金宛に送付
応募期間 及び応募締切	4月1日～8月31日
助成決定時期	11月中旬
備　考	
提出書類	①定款・規約　● ②団体の予算書・決算書　● ③役員名簿　● ④団体資料（パンフレット）　● ⑤その他　　施設案内図 　　　　　　※予算書に関しては、助成事業に関する収支予算書（前年度分）

社会福祉法人	まるべにききん **丸紅基金**

住　所	１００－８０８８　東京都千代田区大手町１－４－２　丸紅ビル

TEL	０３－３２８２－７５９１・７５９２	FAX	０３－３２８２－９５４１
ホームページ	https://www.marubeni.or.jp		
E－Mail	mkikin@marubeni.com		

理念 事業の目的等	当基金は、社会福祉活動に従事する施設、団体に対し資金助成を行うことにより、わが国の福祉の向上に資することを目的として、１９７４年９月、厚生省の認可を受け、丸紅株式会社の出捐により設立されました。 　障がい者のほか、児童・青少年、高齢者、女性保護、貧困支援等、幅広い対象への助成を特色としています。
事業名	**社会福祉助成事業**
助成対象内容	わが国における社会福祉事業(福祉施設の運営、福祉活動など)を行う民間の団体が企画する事業案件で、次の条件を具備するもの。 　＊明確な目的を持ち、実施主体、内容、期間が明らかであること 　＊助成決定から１年以内に実施が完了する予定のものであること 　（２０２１年１２月～２０２２年１１月末の１年間で、申込案件が実施・完了される事業が対象） 　＊一般的な経費不足の補填でないこと 　＊申込案件に、国や地方公共団体の公的補助が見込めないこと、また他の民間機関からの助成 　　と重複しないこと
助成対象団体	原則として非営利の法人（ただし、法人でない場合でも、３年以上の継続的な活動実績があり、組織的な活動を行っている団体は対象とします）
助成金額 （総額）	毎年、５０件以上、総額１億円
助成金額 （1件あたり）	２００万円を上限とします。
申請手続き	申込書用紙など申込関係書類は、当基金のホームページよりダウンロードできます。もしくはファックスまたはホームページ上のお問い合わせフォームにて下記を明記の上、当基金にご請求ください。 　＊郵便番号と住所　＊団体名　＊担当者名　＊電話　＊ファックス番号 　＊丸紅基金の助成をお知りになった経緯
応募期間 及び応募締切	２０２１年５月１７日～６月３０日　※当日消印有５
助成決定時期	１０月下旬
備　考	
提出書類	①定款・規約 ● 　②団体の予算書・決算書 ● 　③役員名簿 ● 　④団体資料（パンフレット） ● ⑤その他　　見積書、施設所在地の地図、法人格をお持ちの団体は、現在事項証明書の写し（発行日から３か月以内のもの）

	みずほきょういくふくしざいだん
公益財団法人	**みずほ教育福祉財団**
住　所　100-0011	東京都千代田区内幸町1-1-5
TEL　03-3596-4531	FAX　03-3596-3574
ホームページ	http://www.mizuho-ewf.or.jp
E-Mail	FJP36105@nifty.com

理念 事業の目的等	わが国の文化の発展、社会福祉の増進に寄与することを念願し、初等中等教育並びに社会福祉に関する事業に対しての助成を行う。
事業名	A：「老後を豊かにするボランティア活動資金」助成事業 B：「配食用小型電気自動車」寄贈事業
助成対象内容	A：「老後を豊かにするボランティア活動資金」助成事業 　①高齢者を対象とした生活支援サービス 　②高齢者による、地域共生社会の実現につながる活動 　③高齢者と他世代との交流を図る活動 　④レクリエーションを通じて高齢者の生活を豊かにする活動 B：「配食用小型電気自動車」寄贈事業 　高齢者を主な対象とした配食サービス
助成対象団体	A：「老後を豊かにするボランティア活動資金」助成事業 【助成の対象となるグループ】 　地域において、高齢者を主な対象として活動を行っている、あるいはスタッフの中核が高齢者である比較的小規模なボランティアグループで、次の条件を満たすもの。 　①登録ボランティアスタッフ数：10人〜50人程度。 　②グループ結成以来の活動実績：2年以上（令和3年3月末時点）。 　③本助成を過去3年以内（平成30年度以降）に受けていないこと。 　④グループ名義の金融機関口座を保有し、規約（会則）、会計報告書類が整備されていること。 【助成の対象とならないグループ】 　①法人格を有する団体（特定非営利活動法人など）およびその内部機関 　②老人クラブおよびその内部機関 　③自治会・町内会およびその内部機関 B：「配食用小型電気自動車」寄贈事業 以下の3つの条件を満たす団体 　①高齢者を主な対象とし、原則として、1年以上継続して、週1回以上、調理・家庭への配食・友愛サービスを一貫して行っていること。 　②法人（非営利活動法人、公益団体、出資持分のない医療法人、公益法人等）・任意団体を問わず、非営利の民間団体であること。ただし、実施している給配食サービスがすべて行政等からの受託である団体の場合は、当該部門の営業利益が黒字ではないこと。 　③現在の活動を継続するにあたって、配食用の車両が不足しており、本寄贈によって運営の円滑化が見込まれること。
助成金額 （総額）	A：「老後を豊かにするボランティア活動資金」助成事業　900万円 B：「配食用小型電気自動車」寄贈事業　1,430万円
助成金額 （1件あたり）	【上限額】 A：「老後を豊かにするボランティア活動資金」助成事業　10万円 B：「配食用小型電気自動車」寄贈事業（配食用小型電気自動車1台）
申請手続き	A：「老後を豊かにするボランティア活動資金」助成事業 所定の申請書（当財団のホームページからダウンロードまたは当財団に請求）に必要事項を記入の上、都道府県・指定都市または市区町村社会福祉協議会の推薦を受け、当財団に直接郵送。 B：「配食用小型電気自動車」寄贈事業 所定の申請書（当財団のホームページからダウンロードまたは当財団に請求）に必要事項を記入の上、都道府県・指定都市または市区町村社会福祉協議会あるいは全国食支援活動協力会のいずれかより推薦を受け、推薦団体経由または直接、申請書類一式を当財団に送付。
応募期間 及び応募締切	A：「老後を豊かにするボランティア活動資金」助成事業 令和3年5月21日（必着） B：「配食用小型電気自動車」寄贈事業 令和3年6月4日（必着）

助成決定時期	A：「老後を豊かにするボランティア活動資金」助成事業 選考委員会（7月開催予定）にて助成先を決定 B：「配食用小型電気自動車」寄贈事業 選考委員会（7月開催予定）にて寄贈先を決定
備　考	
提出書類	①定款・規約 ● ②団体の予算書・決算書 ● ③役員名簿 ● ④団体資料（パンフレット） ● ⑤その他　応募要領をご確認ください。

公益財団法人	みずほふくしじょせいざいだん **みずほ福祉助成財団**

住　所	100-0011　東京都千代田区内幸町1-1-5　みずほ銀行内幸町本部ビル

TEL	03-3596-5633	FAX	03-3597-2137

ホームページ	http://mizuhofukushi.la.coocan.jp/
E-Mail	BOL00683@nifty.com

理念 事業の目的等	社会福祉に関する諸活動に対して助成等を行い、もってわが国の社会福祉向上に寄与することを目的とする。
事業名	**社会福祉助成金事業**
助成対象内容	①事業助成 　障がい児・者の福祉向上を目的とした事業に対しての助成。 ②研究助成 　障がい児・者の福祉向上を目的とした研究に対しての助成。 ①・②の助成対象案件として、 ＊当該案件が公の援助や他団体の助成を受けていないこと。 ＊明確な企画（目的・内容・資金使途等）計画に基づく単一の事業・研究であること。 ＊経常的な人件費等の運営費は対象外とする。 ＊先駆的・開拓的な案件、緊急性・必要性の高い案件、高い助成効果が期待できる案件
助成対象団体	①事業助成：日本国内に於いて3年以上の継続した活動実績がある非営利法人（社会福祉法人、特定非営利活動法人等）、任意団体、ボランティアグループ等。 ②研究助成：上記①の先及び日本国内の研究グループ（但し、構成員5人以上） ③対象外となる先：株式会社等の営利法人、個人、過去3年間（2018年度～2020年度）に当財団から助成を受けた先
助成金額 （総額）	2021年度　3,000万円（予定）
助成金額 （1件あたり）	①事業助成、研究助成共に助成額は事業（研究）総額の90％以内且つ下記金額の範囲とします。 　助成 20～100万円以内
申請手続き	＊取り寄せ方法：みずほ福祉助成財団のホームページからダウンロードして下さい。 ＊申込方法：みずほ福祉助成財団へ郵送及び宅配便。 　　　　　　（財団への申込書持参及び電子メール及びFAXによる申込は不可）
応募期間 及び応募締切	4月1日～6月25日（当日消印有効）
助成決定時期	10月の予定。なお、決定発表は当財団ホームページ上で行う他、福祉新聞紙上でも発表。
備　考	詳細につきましては、当財団ホームページの募集要項をご確認下さい。
提出書類	①定款・規約 ● 　②団体の予算書・決算書 ● 　③役員名簿 ● 　④団体資料（パンフレット） ● ⑤その他　ご提出いただく書類は、事業内容により異なりますので、必ず募集要項をご確認下さい。

みずほ福祉助成財団 2021年度「社会福祉助成金」申込書

申込区分（いずれかに〇）	事業助成		研究助成	

1．申込先の概要

申込日 ：2021年　　月　　日

法　人 団　体　の名称 研究会	（フリガナ）			
				㊞
上記の所在地	〒　　　－			
代表者役職名		代表者氏名	（フリガナ）	
活動開始年月		法人設立年月		
連　絡　先	（TEL）		（FAX）	
E-mail				
ホームページ	http://			
法人（団体）の事業 内容、活動状況				
申込施設名称	（フリガナ）			
申込施設所在地	〒　　　－			
申込施設 代表者役職名		申込施設 代表者氏名	（フリガナ）	
申込施設設立年月		利用者数（会員数）		名
本件の連絡窓口	役職		（フリガナ）	
E-mail			TEL	
申込施設の種類				
事業内容				

2．申込案件の概要

申込案件名			
申 込 金 額		万円	（万円単位、下記収支計画の①の金額）

申込案件の内容	【事業（研究）内容を具体的に記載。書ききれない場合は、別紙に続きを記載】

申込案件の事業種類	（例）生活介護、就労継続支援Ｂ型等	

申し込む理由	

申込案件の狙いと 期待する成果 （㊟ 就労案件は工賃目標を数値で示すこと）	

【就労案件の場合】	申込施設の前年度月間平均工賃（賃金）実績	円／月
【就労案件の場合】	就労従事者のうち、障害支援区分４以上の方の人数	名中　　　名
【車輌案件の場合】	申込施設の車輌保有台数	台

事業（研究）の スケジュール	開始時期	年　　　月	完了時期	年　　　月

【申込案件の収支計画】	㊟ 「自己資金」が「合計額」の10％以上となるよう配分のこと 「収入」合計と「支出」合計は、必ず一致すること

収　　　入			支　　　出	
助成金（本件）　① 自己資金　　　　②		0,000 円 円		円 円 円 円 円
合　　計　　①＋②		円	合　　計	円

申込案件について他団体への助成申込	□有　　　□無	申込団体名：	
当財団からの助成実績	□有　　　□無	年度　　　　万円	年度　　　　万円

添 付 書 類	□定款・会則等　　□現在事項証明書（原本）　　□役員（会員）名簿 □法人・団体資料　□今期事業計画書　　□今期予算書　　□直近期決算書 □見積書　　□カタログ・工事資料等　　□研究計画書 □その他（　　　　　　　　　　　　　　　　　）

□の表記のあるものは、該当しない文字を「取り消し線」で表記

みつびしざいだん	
公益財団法人 三菱財団	

住　所	100-0005　東京都千代田区丸の内2-3-1　三菱商事ビルディング21階
TEL	03-3214-5754　　　FAX　03-3215-7168
ホームページ	https://www.mitsubishi-zaidan.jp
E-Mail	

理念 事業の目的等	三菱財団は学術研究、社会福祉に関する事業等に対して援助を行ない、以ってわが国社会の学術、教育、文化並びに福祉の向上に資することを目的としています。
事業名	**社会福祉事業・研究助成**
助成対象内容	（1）現行制度上、公の援助を受け難い、開拓的ないし実験的な社会福祉を目的とする民間の事業または、（2）開拓的ないし実験的な社会福祉に関する科学的調査研究の、 ①調査研究費　　②施設費(建設、設備)　　③施設以外の経費（職員研修費等も含む） 従って、単なる施設建設、設備・機器購入等のみを目的とした申込及び研究の実施者が所属する組織の間接経費・一般管理費は対象外となりますのでご留意下さい。又、ここでの「開拓・実験性」については、内容上特に具体性のあるものに限定されますが、福祉現場での"実践的、草の根的"活動に基づくものも、充分評価されます。 ※関係当事者がプロジェクトチームを形成し、同一の社会課題に対しより多面的に、ダイナミックに挑戦する提案型の応募も期待します。
助成対象団体	日本国内において事業ないし研究の継続的拠点を有する者(国籍等は不問)。（1）については、原則として法人に限る。営利目的の企業等並びにその関係者は対象外。
助成金額 （総額）	約9,000万円。
助成金額 （1件あたり）	特に定めない。
申請手続き	＊申請方法につきましては、当財団ホームページの「助成について」の「社会福祉事業・研究助成」の中にあります「社会福祉事業・研究助成応募要項」をご覧ください。 ＊法人・団体については、定款・寄附行為等、役員名簿、資産負債状況・活動状況がわかる案内書を、研究者の方は申込案件に関する論文（3編以内）を、合わせて提出して頂きます。
応募期間 及び応募締切	12月頃〜1月中旬頃（ホームページにてご確認下さい）
助成決定時期	6月下旬頃
備　考	
提出書類	①定款・規約 ●　②団体の予算書・決算書 ●　③役員名簿 ●　④団体資料（パンフレット）● ⑤その他　参考資料

公益財団法人	めいじやすだこころのけんこうざいだん **明治安田こころの健康財団**

住　所	１７１－００３３　東京都豊島区高田３－１９－１０
ＴＥＬ	０３－３９８６－７０２１　　　　ＦＡＸ　０３－３５９０－７７０５
ホームページ	https://www.my-kokoro.jp
Ｅ－Ｍａｉｌ	kenkyujyosei@my-kokoro.jp
理念 事業の目的等	国民のこころの健康・福祉の増進に貢献することを目的に、助成事業のほかに研修事業、相談事業を行っています。
事業名	**研究助成**
助成対象内容	a）研究分野 　（１）心理学・医学的研究 　（２）社会学・社会福祉学的研究 b）研究領域 　（１）子ども（乳幼児期から思春期・青年期まで）に関する精神保健・福祉の領域 　（２）家族・家庭の問題に関する精神保健・福祉の領域 　（３）高齢者に関する精神保健・福祉の領域
助成対象団体	① 国内で活動あるいは研究に従事している個人、グループ、団体。 ② 過去に、他機関から助成を受けたテーマによる応募は除外。
助成金額 （総額）	１，０００万円を限度とする
助成金額 （1件あたり）	５０万円を限度とする
申請手続き	申請書は明治安田こころの健康財団ホームページよりダウンロードして使用して下さい。
応募期間 及び応募締切	３月中旬～４月下旬
助成決定時期	申請者と推薦者あてに６月下旬に通知。
備　考	
提出書類	①定款・規約　●　②団体の予算書・決算書　●　③役員名簿　●　④団体資料（パンフレット）　● ⑤その他　応募要領、申請書

2021年度 研究助成申請書

2021 年　　月　　日

公益財団法人　明治安田こころの健康財団　御中

＜申請（代表）者＞

	姓	名	専攻分野
フリガナ			
氏　名			

＜団体名＞　団体申請の場合のみ記入

所 属 機 関	職 名

所 属 機 関 所 在 地

〒		－		都道府県		
市区町村番地						
建物名等						
TEL				FAX		
e-mail						

自 宅 住 所

〒		－		都道府県		
市区町村番地						
建物名等						
TEL				FAX		
e-mail						
携帯電話						

共 同 研 究 者

氏　名				氏　名			
フリガナ 姓	名	所　属		フリガナ 姓	名	所　属	

申 請 内 容

1．研究テーマ

テーマ：_____

副　題：_____

2．研究分野　（いずれかを選択してください）

3．助成の有無　（いずれかを選択してください）

・過去に当財団から助成を受けたことがありますか？（個人またはグループで）

・受けたことがある場合は助成を受けた年度を記入してください。（例：2009, 2010, 2012）

年度：

1

4. 研究費

総額 _____ 円 （支出内訳の合計と一致すること）

＜支出内訳＞

支 出 項 目	使 途 内 容 （積算根拠を詳しく記述すること）	金 額 （円）
合　　　計		

注）支出が当財団の助成限度を超えている場合は、その超過分の資金調達方法をご記入ください。

注）応募要領5の使途制限をよくお読みください。また、使途計画と実際の支出が大幅に異なる場合は承認しない場合がありますのでご注意ください。

5. 本研究と同様なテーマで、他の助成団体への応募の有無

・いずれかを選択してください

・「応募中」又は「応募予定」の場合は応募先を記入してください。

6. 当財団の研究助成を知った経緯をご記入ください。

※ご提出いただいた情報は研究助成以外には使用いたしません。
また、助成対象者名は一般に公表させていただきますので、あらかじめご了承ください。

2

7. 倫理的配慮

8. 開示すべき利益相反事項

9. 研究目的

10. 研究計画

3

11. 本研究の独自性、学問的または社会的意義

12. 本研究の実施状況（これまでの経過、進捗度、関係する既存の研究等）

4

研 究 助 成 推 薦 書

2021 年　　　月　　　日

公益財団法人　明治安田こころの健康財団
理事長　大河原　清人　殿

<推薦者>

	姓	名			
フリガナ			所属機関		
氏　名			印	職　名	
自　宅			所　属　機　関		
〒	－		〒	－	
都道府県			都道府県		
市区町村番地			市区町村番地		
建物名等			建物名等		
TEL			TEL		
FAX			FAX		

<被推薦者または団体名>
＿＿＿＿＿＿＿＿＿＿＿＿＿＿＿　の研究助成の申請は、下記の理由から優れた研究計画と認められますので推薦します。

記

<推薦の理由>　※900字以内で記入してください。（1行に入力できる文字数は全角で42文字以内です）

NPO法人 モバイル・コミュニケーション・ファンド

もばいる・こみゅにけーしょん・ふぁんど

住　所	100-6150　東京都千代田区永田町2-11-1　山王パークタワー41階
TEL	03-3509-7651　　FAX 03-3509-7655
ホームページ	https://www.mcfund.or.jp/
E-Mail	info@mcfund.or.jp

| 理念
事業の目的等 | 　NPO法人モバイル・コミュニケーション・ファンド（以下：MCF）では、2003年度より『ドコモ市民活動団体助成事業』を開始し、将来の担い手である子どもたちの健やかな育ちを応援する活動に取り組む全国の市民活動団体の皆さまに対して、助成金による活動支援を実施してきました。
　2021年度については、子どもを取り巻く様々な社会課題に取り組む市民活動団体の皆さまが、これまでの活動を充実・発展させるための取り組みに加え、新型コロナウイルス感染症の影響による課題・ニーズに対応した緊急性の高い取り組みについて積極的に支援を行います。
　また、新型コロナウイルス感染症の影響により社会が大きく変化する中、困難な状況に置かれている子ども等の現状を調査し、その現象や要因の構造を把握することにより、見えていない課題等について明らかにすることを目的とした実態調査活動に助成を行い、その結果を広く社会に発信し、課題を抱える子ども・保護者等の現状とニーズに対応した支援につなげていくこととします。 |

| 事業名 | ## 2021年度ドコモ市民活動団体助成事業 |

| 助成対象内容 | 活動テーマ1：子どもの健全な育成を支援する活動
①不登校・ひきこもりの子どもや保護者に対する精神的・物理的な支援、復学・社会的自立を支援する活動（フリースクール、カウンセリングなど）
②児童虐待やドメスティック・バイオレンス（DV）、性暴力などの被害児童・生徒や社会的養護を必要とする子どもの支援及び虐待防止啓発活動
③非行や犯罪から子どもを守り、立ち直りを支援する活動
④子どもの居場所づくり（安心・安全な居場所の提供、子どもの不安や悩みに対する相談活動など）
⑤障がい（身体障がい・発達障がいなど）のある子どもや難病の子どもを支援する活動（療育活動、保護者のピアサポート活動など）
⑥マイノリティ（外国にルーツを持つ、LGBTなど）の子どもを支援する活動
⑦地震・台風などの自然災害で被災した子どもを支援する活動
⑧上記①～③以外で「経済的困難を抱える子どもの支援」を目的とした活動

（2）活動テーマ2：経済的困難を抱える子どもを支援する活動
活動内容
①学習支援活動：放課後学習サポート、訪問学習支援、学習能力に合わせた個別ケアなど
②生活支援活動：子育てサロン、子ども食堂、シングルマザーへの支援、フードバンク、居場所の提供など
③就労支援活動：職業体験、社会的養護退所者の就労支援など
④上記①～③以外で「経済的困難を抱える子どもの支援」を目的とした活動

（3）活動テーマ3：新型コロナウイルス感染症により影響を受けている子ども等の実態調査活動
新型コロナウイルス感染症により、影響を受けている子ども・保護者、地域等の現状を把握し、表面化した課題について、その背景・要因等を分析し問題構造を明らかにする活動。なお、調査対象範囲については、新型コロナウイルスの影響が広域に渡っていることから、原則、都道府県単位とします。ただし、政令指定都市や特別区については、人口100万人以上の「市・区」を範囲とします。

（4）その他
今年度については、MCFの特定課題である児童虐待防止啓発活動に加え、新型コロナウイルス感染症の影響により生じた課題やニーズに対応する緊急的な活動は、採択率を高めに設定します。 |

| 助成対象団体 | （1）日本国内に活動拠点を有する民間の非営利活動団体。
　なお、活動実績が2年以上であること（基準日：2021年3月1日）。
（2）複数の団体が連携した協働事業の場合は、代表申請団体が上記（1）の要件を満たしていることを条件とします。
（3）任意団体については、5人以上のメンバーで構成され、ホームページ、SNS（ブログ、フェイスブック等）による活動状況の発信や団体情報の開示を行っている団体。また、会則、規約又はそれに相当する文書を有し、適正な事業計画書、予算・決算書が整備されており、応募団体が活動する地域の中間支援組織（NPO支援センターなど活動支援団体）からの推薦があることを条件とします。
（4）活動テーマ1,2については、助成決定後、申請事業の活動計画に基づいた目標設定、四半期ごとの経過報告、効果検証、活動成果の作成・公表等について、実施していただける団体。（15項（3）①を参照ください） |

また、活動テーマ３の実態調査活動については、調査分析結果の作成・公表を実施していただける団体。
（５）申請事業の活動状況について、団体のホームページやＳＮＳ（ブログ、フェイスブック等）による定期的な情報発信を実践していただける団体。
　　※１　反社会的勢力とは一切関わっていないこと、また、活動内容が政治、宗教、思想に偏っていないことを要件とします。
　　※２　活動テーマ１・２について、１団体１申請に限ります。
　　　　なお、活動テーマ３の実態調査活動については、上記の活動と併願申請を可能とします。

助成金額 （総額）	４，０００万円上限
助成金額 （1件あたり）	（１）活動テーマ１：子どもの健全な育成を支援する活動 　　１団体あたり上限７０万円までの応募を可能とし、施策内容などを審査のうえ決定します。 　　なお、昨年度の助成決定団体からの応募については、１団体あたり上限１００万円までの応募を可能とします。 （２）活動テーマ２：経済的困難を抱える子どもを支援する活動 　　１団体あたり上限１００万円までの応募を可能とし、施策内容などを審査のうえ決定します。 （３）活動テーマ３：新型コロナウイルス感染症により影響を受けている子ども等の実態調査活動 　　１団体あたり上限５０万円までの応募を可能とし、施策内容などを審査のうえ決定します。 　　なお、調査方法等により５０万円を上回る申請についても可能としますが、その際には施策内容・費用の内訳等を十分審査のうえ決定します。
申請手続き	ＭＣＦのホームページからダウンロードした申請書（Ｅｘｃｅｌファイル）に必要事項を記入のうえ、ＭＣＦ事務局【ドコモ市民活動団体助成事業申請フォーム】から申請してください。 なお、申請書の様式は「活動テーマ１，２」の子ども健全育成と経済的困難な子どもを支援する活動は「様式１」、「活動テーマ３」の実態調査活動は「様式２」としますので、申請内容に合わせた様式から申請してください。 ※「申請書」の作成にあたっては、「募集要項」及び「助成プログラム説明動画：概要説明編・申請説明編」、「記入の手引き」、「記入例」をご確認ください。
応募期間 及び応募締切	２０２１年２月１５日（月）～３月３１日（水）
助成決定時期	活動テーマ１，２は２０２１年８月中旬（予定） 活動テーマ３は２０２１年７月下旬（予定）
備　考	
提出書類	①定款・規約　●　②団体の予算書・決算書　●　③役員名簿　●　④団体資料（パンフレット）　● ⑤その他

やまとふくしざいだん
公益財団法人 ヤマト福祉財団

住　所	104-8125　東京都中央区銀座2-16-10

TEL	03-3248-0691	FAX	03-3542-5165

ホームページ	https://www.yamato-fukushi.jp/
E-Mail	y.zaidan@yamatofukushizaidan.or.jp

理念 事業の目的等	障がいのある人もない人も、共に働き、共に生きていく社会の実現。このノーマライゼーションの思想こそ、ヤマト福祉財団の基本理念です。
事業名	**障がい者福祉助成事業**
助成対象内容	（1）障がい者給料増額支援助成金（50万円～上限500万円） 障がい者の給料増額に努力し取り組む事業所・施設に対し、さらに多くの給料を支払うための事業の資金として助成 ・障がい者給与増額のモデルとなる効果的な事業 ・現在の事業を発展させ給料増額につながる事業 ・新規に行い、給料増額が見込まれる具体的な事業 ※前年度の工賃実績は厚生労働省が発表した令和元年度全国平均工賃額16,369円以上 　（就労支援A型事業所は78,975円以上）であること （2）障がい者福祉助成金（上限100万円） 給料増額にはこだわらず、障がいのある方の幸せのつながる事業・活動に対して助成。福祉事業所に限らずボランティア団体、サークル等、幅広い活動を支援します。 （会議、講演会／ボランティア活動／スポーツ・文化活動／調査・研究・出版／その他） 詳細は当財団のホームページをご覧ください。
助成対象団体	障がい者施設・障がい者支援団体
助成金額 （総額）	1億4,201万円（前年度実績）
助成金額 （1件あたり）	・障がい者給料増額支援助金　　50万円～上限500万円 ・障がい者福祉助成金　　　　　上限100万円
申請手続き	《申請用紙》 ＊当財団のホームページより取り出す
応募期間 及び応募締切	所定の申請用紙と必要書類一式を10月1日～11月30日（消印有効）の間に当財団事務局に郵送にて申請（FAX、メールは不可）
助成決定時期	翌年3月
備　考	※各都道府県市区町村社会福祉協議会へ助成金事業の募集要項を案内する。（7月中）
提出書類	①定款・規約　●　②団体の予算書・決算書　●　③役員名簿　●　④団体資料（パンフレット）　● ⑤その他　　当財団のホームページ参照

公益財団法人 ユニベール財団

ゆにべーるざいだん

住 所	160-0004 東京都新宿区四谷2-14-8　YPCビル5階
TEL	03-3350-9002　　FAX 03-3350-9008
ホームページ	http://www.univers.or.jp/
E-Mail	info@univers.or.jp

理念 事業の目的等	ユニベール（UNIVERS）とは、フランス語で人類または世界を意味します。 ユニベール財団は、高齢化問題をグローバルな視点から捉え、助成、人材の育成、国際交流等の事業を通して、少子高齢社会及び人口減少社会における社会福祉の増進に貢献していきます。
事業名	**特定活動助成** **一人ひとりの心に寄り添う** **"傾聴ボランティア"を応援します**
助成対象内容	近年、国内では地震や豪雨などの自然災害が相次いで発生し、地域の復興や生活再建とともに、被災した人々の心のケアの必要性が指摘されています。 　また、少子高齢化・人口減少が進む現代は、高齢者の孤独や、青年・壮年の引きこもり、孤立した育児や介護など特有の課題があり、新型コロナウイルス感染症の発生は状況をさらに深刻化させています。さまざまな困難に直面する人々の話を親身に聴き、心の奥からこぼれてくる思いを受け止める「傾聴ボランティア」が、ますます求められています。 　全国で心のケアのための傾聴ボランティア活動をしている団体に助成致します。
助成対象団体	心のケアのための傾聴ボランティアとして活動をしている団体 　（自然災害の被災者をはじめコロナ禍で困難な状況にある人等を傾聴） 上記の団体のうち次の二つの条件を満たす団体を対象とします。 ⅰ）応募に際して、地元社会福祉協議会の推薦を得ること。 ⅱ）団体として、既に一年以上の活動実績があること。
助成金額 （総額）	400万円
助成金額 （1件あたり）	原則として年50万円（最長3年間）を上限としますが、助成額については活動内容および規模により査定をさせていただきます。 継続助成につきましては、経過報告を重視して決定いたします。
申請手続き	当財団所定の申請書に必要事項を記入の上、当財団宛ご送付ください。　（紛失等のトラブルを避けるため、なるべく書留や宅配便でお送りください。） なお、ご提出いただいた申請書はご返却いたしかねます。
応募期間 及び応募締切	2021年7月30日（午後5時必着）
助成決定時期	2021年11月1日予定
備 考	申請書は当財団ホームページからダウンロードしてご利用ください。
提出書類	①定款・規約 ●　②団体の予算書・決算書 ●　③役員名簿 ●　④団体資料（パンフレット）● ⑤その他

	よみうりひかりとあいのじぎょうだん	
社会福祉法人	**読売光と愛の事業団**	

住　所	１００－８０５５　東京都千代田区大手町１－７－１　　読売新聞東京本社内	
ＴＥＬ	０３－３２１７－３４７３	ＦＡＸ　０３－３２１７－３４７４
ホームページ	https://www.yomiuri-hikari.or.jp	
Ｅ－Ｍａｉｌ	hikari-ai@yomiuri.com	

理念 事業の目的等	東日本大震災などの被災者支援のほか、児童養護施設の子どもたち、重度心身障害者、介護が必要な高齢者などの福祉増進をめざす。
事業名	①福祉分野で貢献している団体などを顕彰する読売福祉文化賞 ②子ども育成支援事業 ③読売光と愛・郡司ひさゑ奨学金 ④被災者支援事業 ⑤コロナ禍で苦しむ作業所の応援助成
助成対象内容	①誰もが暮らしやすい社会作りや障害を克服し社会参加している方々を表彰 ②経済的に恵まれない子どもたちの健全な育成のために活動している団体を助成 ③児童養護施設から大学、短大、専門学校に進学する高校生への学費の助成 ④被災者支援をしている団体への助成 ⑤障害者が就労する小規模作業所を応援
助成対象団体	①高齢者福祉部門と一般部門。２１世紀にふさわしい福祉事業に取り組んでいる個人・団体 ②学習支援や居場所提供などに取り組む団体 ③児童養護施設の高校生 ④東日本大震災の被災３県などで支援活動をしている団体 ⑤全国の作業所
助成金額 （総額）	約７，５００万円 主な内訳①６００万円　②４５０万円　③６８０万円　④２００万円　⑤１，０００万円
助成金額 （1件あたり）	①賞６件（各１００万円） ②上限７０万円 ③３０万円（併給可能） ④上限７０万円 ⑤上限７０万円（予定）
申請手続き	①当事業団へ直接申し込み（公募） ②当事業団へ直接申し込み（公募） ③各児童養護施設に送付する案内に従って、施設長の推薦をもらう（公募） ④当事業団へ直接申し込み ⑤当事業団へ直接申し込み（公募）
応募期間 及び応募締切	①７月～９月　②５月～６月　③８月～１０月　④—　⑤１０月～１１月
助成決定時期	①１１月下旬　②１０月予定　③１２月中旬内定　④随時　⑤１月
備　考	コロナ医療福祉支援基金に寄付を呼びかけており、医療従事者支援に取り組む・自治体などに４，０００万円を支援する予定
提出書類	①定款・規約　●　②団体の予算書・決算書　●　③役員名簿　●　④団体資料（パンフレット）　● ⑤その他　①、②、④、⑤は定款・規約、団体の予算書・決算書、役員名簿、団体資料（パンフレット）など。 ①～⑤は、所定の申請書等も。①～③、⑤の募集要項・申請書等は募集に合わせて事業団ホームページに掲載。

らくてんみらいのつばさ

公益財団法人 楽天未来のつばさ

住　所	162-0022　東京都新宿区新宿6-27-30　新宿イーストサイドスクエア16階
TEL	03-6205-5638　　FAX 03-6205-5639
ホームページ	http://www.mirainotsubasa.or.jp
E-Mail	

理念 事業の目的等	児童養護施設、母子生活支援施設などの児童福祉施設や、里親家庭で暮らす子どもへの自立奨学支援、それに伴う社会適応サポート、自立した人たちによる相互扶助的活動を通じて児童福祉の充実と向上に寄与することを目的としています。
事業名	**未来のつばさ　プロジェクト支援事業2021**
助成対象内容	・児童養護関連プロジェクトで、そのテーマや内容が子どもの権利擁護、子どもの最善の利益に資するものであること。 ・児童養護関連プロジェクトに於いて、そのプロジェクトの計画性及び方法が目的を達成するために適切で、かつ支援によりプロジェクトの効果が十分発揮できると認められたものであること。 ・当該支援プロジェクトは、営利を目的としないものであること。
助成対象団体	支援を受けようとする団体は、日本国内における児童養護関連団体で事業計画に従って遂行に足る能力を有する団体であり、また、それを過去の実績等で証明できること。申請は1団体、1プロジェクトとする。また、原則2年連続の助成は行わない。
助成金額 （総額）	360万円
助成金額 （1件あたり）	30万円
申請手続き	HP等で実施要項をご確認頂き、支援を要望また資金交付を希望する団体は、事務局までお電話ください。申請内容の詳細をお伺いし、申請可能と判断された団体のみに申請書類様式をお送りしております。
応募期間 及び応募締切	前期：2021年4月1日（木）～2021年5月31日（月）必着 後期：2021年9月1日（水）～2021年10月29日（金）必着
助成決定時期	前期：2021年6月 後期：2021年11月
備　考	実施要項をHPでご確認ください。インターネット環境がない方へは郵送も承ります。よくある質問をHPに掲載しておりますので、あわせてご確認ください。
提出書類	①定款・規約 ●　②団体の予算書・決算書 ●　③役員名簿 ●　④団体資料（パンフレット）● ⑤その他　団体の予算書、事業計画書、参考資料

表彰事業実施団体
（Ｐ152～Ｐ173）

融資事業実施団体
（Ｐ174～Ｐ180）

【 注 意 事 項 】

○掲載内容には、既に今年度の申請受付が終了された事業も含まれています。

○助成（表彰・融資）事業は、年度や次の公募の際に変更される場合があります。新たに申請を行う場合は、必ず内容を確認してください。
また、申請書類の様式についても変更される場合があります。申請書類の様式は参考に掲載しているものですので、実際の申請には使用しないで下さい。

○掲載内容は2021年5月31日現在の情報です。今後、新型コロナウィルス感染拡大の影響等を受け、実施時期や内容に変更が生じる可能性があります。申請に当たっては、必ず団体の実際の募集要綱を確認するようにしてください。

公益財団法人	あしたのにほんをつくるきょうかい **あしたの日本を創る協会**	

住　所	113-0033　東京都文京区本郷2-4-7　大成堂ビル4F
TEL	03-6240-0778　　FAX 03-6240-0779
ホームページ	http://www.ashita.or.jp
E-Mail	ashita@ashita.or.jp

理念 事業の目的等	地域が直面するさまざまな課題を自らの手で解決して、自分たちの住む地域社会を良くしていこうとする地域住民の活動を支援しています。
事業名	**あしたのまち・くらしづくり活動賞**
表彰対象内容	地域住民が自主的に結成し運営している地域活動団体、または、地域活動団体と積極的に連携して地域づくりに取り組む企業、商店街、学校等を対象とし、活動に2年以上取り組み、大きな成果をあげて活動している団体の活動を顕彰する。（上位入賞8団体は助成総額65万円の副賞あり）
表彰対象団体	地域住民が自主的に結成し運営している地域活動団体、または、地域活動団体と積極的に連携して地域づくりに取り組む企業、商店街、学校等。活動に2年以上取り組み、大きな成果をあげて活動している団体。
賞金額 （総額）	65万円
賞金額 （1件あたり）	・内閣総理大臣賞　20万円（×1団体） ・内閣官房長官賞　10万円（1団体）・総務大臣賞　10万円（1団体） ・主催者賞　5万円（×5団体）
応募手続き	1．応募に必要な書類 ①応募用紙 ②応募レポート（これまでの活動内容と現在までの成果等を2,000字程度で記述） ③写真（活動の様子がわかる写真に簡単な説明をつけて5～6枚程度） ④その他、活動内容を補足する文書、実施記録等（任意） 2．応募用紙の取寄せ方法 HPからのダウンロード、メール・FAX・TEL・郵送による請求 3．応募書類の送付方法 当協会まで、メール・FAX・郵送のいずれかにより申込
応募期間 及び応募締切	・応募期間＝令和3年4月～7月5日 ・応募締切＝令和3年7月5日
表彰決定時期	令和3年10月（予定）
備　考	
提出書類	①定款・規約　●　②団体の予算書・決算書　●　③役員名簿　●　④団体資料（パンフレット）　● ⑤その他　・応募レポート（2,000字） 　　　　　・写真5～6枚程度

公益財団法人	あんどうすぽーつ・しょくぶんかしんこうざいだん **安藤スポーツ・食文化振興財団**

住　所	５６３－００４１　大阪府池田市満寿美町８－２５
ＴＥＬ	０７２－７５２－４３３５　　　ＦＡＸ　０７２－７５２－２４７３
ホームページ	http://www.shizen-taiken.com/
Ｅ－Ｍａｉｌ	yoshikazu.aragane@nissin.com

理念 事業の目的等	安藤スポーツ・食文化振興財団は、日清食品創業者　安藤百福が「食とスポーツは健康を支える両輪である」という理念のもと、子どもたちの健全な心身の育成と食文化の発展を願い、私財を提供して１９８３年に設立した公益財団法人です。 　「自然とふれあいが子どもたちの創造力を豊かにする」との創設者の思いから、財団設立当初から子どもたちの「創造力」や「自活力」を育むために、自然体験活動の普及と支援に努めています。
事業名	２０２１年度自然体験活動支援事業 第２０回トム・ソーヤースクール企画コンテスト
表彰対象内容	子どもたちが参加する、自然の中での体験活動であれば、内容は問いませんが、ユニークさと創造性にあふれ、高い教育効果が得られる活動とします。他の助成金や支援を受けている活動企画でも応募できます。 例）自然体験、地域交流、環境教育、史跡深訪、自然体験、アウトドアスポーツなど目的が明確であり、子どもたちの健全な心身の育成に寄与するもの。
表彰対象団体	①学校部門　小学校・中学校または、小中学校より委託・協力・協働等によって当該活動を 　　　　　　主催する団体。 　　　　　　小学校、中学校において授業や課外活動の一環として行われる活動で、小中学生 　　　　　　が各回概ね１０名程度参加する企画で、学校長の承認を受けたもの。 ②一般部門　定款・規約等が整備され、組織としての形態を有し、当該活動を主催する団体。 　　　　　　小中学生が各回概ね１０名程度参加する企画であること。
賞金額 （総額）	学校部門、一般部門の中から、計５０団体を選考し、実施支援金として各１０万円を贈呈していましたが、今年は第２０回記念として、実施支援基金を２０万円に増額し贈呈いたします。 なお、応募いただいた団体には参加賞としてチキンラーメン１ケース（３０食）をお送りいたします。
賞金額 （1件あたり）	●学校部門 　文部科学大臣賞　１校（副賞１００万円、チキンラーメン１年分） 　優秀賞　１校（副賞５０万円、チキンラーメン半年分） ●一般部門 　安藤百福賞　１団体（副賞１００万円、チキンラーメン１年分） 　優秀賞　１団体（副賞５０万円、チキンラーメン半年分） ●各部門共通 　推奨モデル特別賞　　（副賞３０万円、チキンラーメン半年分） 　トム・ソーヤー奨励賞　（副賞２０万円、チキンラーメン半年分） 　努力賞　（副賞１０万円、チキンラーメン３か月分）
応募手続き	所定の応募用紙に必要事項を記入し、フォーマットに記載されている応募団体の概要がわかる必要書類を同封のうえ、事務局宛に郵送で提出してください。 応募用紙はホームページ「自然体験.com」（http://www.shizen-taiken.com/）からダウンロードすることができます。 （パソコンが無い場合などダウンロードができなければ、応募用紙をお送りしますのでお電話ください）
応募期間 及び応募締切	２０２１年２月１日（月）～同年５月１７日（月）消印有効 ※毎年、同じ月日で開始しています。
表彰決定時期	７月中旬頃 「自然体験.com」での発表となります。 その後、参加賞のチキンラーメンとともに合否の手紙を発送します。 （落選の場合、参加賞到着が７月下旬になる場合がございます。ご了承ください）
備　考	当コンテストは１年サイクルで毎年開催しているコンテストになります。
提出書類	①定款・規約　●　②団体の予算書・決算書　●　③役員名簿　●　④団体資料（パンフレット）　● ⑤その他

いとがかずおきねんざいだん
公益財団法人 糸賀一雄記念財団

住　所	５２５－００７２　滋賀県草津市笠山７－８－１３８　滋賀県立長寿社会福祉センター内
TEL	０７７－５６７－１７０７　FAX ０７７－５６７－１７０８
ホームページ	http://itogazaidan.jp/
E－Mail	itoga@itogazaidan.jp

理念 事業の目的等	障害者の基本的人権の尊重を基本に、生涯を通じて障害者福祉の向上に取り組まれた故糸賀一雄氏の心を受け継ぎ、障害者やその家族が安心して生活できる福祉社会の実現に寄与することを目的として、障害者など「生きづらさ」がある人に対する取り組みが顕著または先進的で、今後の活躍が期待される個人・団体を表彰します。
事業名	①糸賀一雄記念賞 ②糸賀一雄記念未来賞
表彰対象内容	①糸賀一雄記念賞 日本において、障害者などの「生きづらさ」がある人に対する実践活動に長く取り組み、その活動が高く評価され、一層の活躍が期待される個人および団体（法人、任意団体を問わない） ②糸賀一雄記念未来賞 国内で活動し、福祉、教育、医療、労働、経済、文化、スポーツなどの分野における障害者または障害者と同様に社会的障壁による「生きづらさ」がある人に関する取り組みが先進的であり、今後一層の活躍が期待される個人および団体（法人、任意団体を問わない）
表彰対象団体	
賞金額（総額）	１２０万円
賞金額（1件あたり）	①糸賀一雄記念賞：５０万円 ②糸賀一雄記念未来賞：１０万円
応募手続き	募集開始後は、（本年度５月末を予定） 公益財団法人糸賀一雄記念財団　のHPよりダウンロードできます。 財団に直接連絡も可能です。
応募期間及び応募締切	例年：５月末（期日未確定）～７月３０日必着
表彰決定時期	例年９月中
備　考	
提出書類	①定款・規約 ● ②団体の予算書・決算書 ● ③役員名簿 ● ④団体資料（パンフレット） ● ⑤その他　応募案内に記載の通り

第23回　糸賀一雄記念賞候補者調書(自薦・他薦)

＊自薦・他薦に○印

フリガナ				
候補者氏名・団体名				
代表者（職・氏名）		担当者（職・氏名）		
住所	〒	電話番号		
		FAX番号		
Eメール		活動年数		

略歴（候補者個人略歴・団体概要・受賞歴）

活動内容・顕著な活躍

今後の活動に関する展望等

注 1）団体の概要が分かるパンフレット等がありましたら添付してください。
　 2）書ききれない場合は、別紙に記入してください。
　 3）活動実績等についての論文、著書、新聞記事、補足資料等がありましたら添付してください。

第23回 糸賀一雄記念賞推薦書(他薦のみ)

					候補者との関係	
推薦者氏名		フリガナ				
連絡先	推薦者自宅	住所	〒			
		電話番号		FAX番号		
		Eメール				
	推薦者勤務先	フリガナ				
		名称				
		フリガナ				
		部署				
		所在地	〒			
		電話番号		FAX番号		
		Eメール				

〈推薦理由〉

※書ききれない場合は、別紙に記入してください。

第7回　糸賀一雄記念未来賞候補者調書(自薦・他薦)

＊自薦・他薦に〇印

フリガナ			
候補者氏名 ・団体名			
代表者 （職・氏名）		担当者 （職・氏名）	
住所	〒	電話番号	
		FAX番号	
Eメール		活動年数	

略歴（候補者個人略歴・団体概要・受賞歴）
....
....
....
....
....

活動内容・顕著な活躍
....
....
....
....
....
....
....

今後期待される活躍
....
....
....
....
....
....

注１）団体の概要が分かるパンフレット等がありましたら添付してください。
　　２）書ききれない場合は、別紙に記入してください。
　　３）活動実績等についての論文、著書、新聞記事、補足資料等がありましたら添付してください。

第7回　糸賀一雄記念未来賞推薦書(他薦のみ)

					候補者 との 関係	
推薦者氏名		フリガナ				
連絡先	推薦者 自宅	住所	〒			
		電話番号		FAX番号		
		Eメール				
	推薦者 勤務先	フリガナ				
		名称				
		フリガナ				
		部署				
		所在地	〒			
		電話番号		FAX番号		
		Eメール				

〈推薦理由〉

_____

_____

_____

_____

_____

_____

_____

_____

_____

_____

_____

_____

_____

_____

_____

_____

_____

※書ききれない場合は、別紙に記入してください。

こうえきざいだんほうじんかめのりざいだん

公益財団法人 かめのり財団

住　所	102-0083	東京都千代田区麹町5-5　ベルヴュー麹町1階

TEL	03-3234-1694	FAX	03-3234-1603

ホームページ　https://www.kamenori.jp/
E-Mail　info@kamenori.jp

理念 事業の目的等	公益財団法人かめのり財団は、日本とアジア・オセアニアの若い世代の交流を通じて、未来にわたって各国との友好関係と相互理解を促進するとともに、その懸け橋となるグローバル・リーダーの育成をはかります。 　高校生などの交換留学事業、日本語および日本文化学習の促進、青少年の民間交流助成等を中心に、日本とアジア・オセアニア諸国の若い世代の人々が、異なる文化や思考、生活習慣などをお互いに体験し理解し合うことができるよう、草の根の交流事業を支援します。そして、異文化の人と人をつなぎ、グローバルに活躍できる未来の担い手を育成します。
事業名	**かめのり賞**
表彰対象内容	かめのり賞は、日本とアジア・オセアニアの若い世代を中心とした相互理解・相互交流の促進や人材育成に草の根で貢献し、今後の活動が期待される個人または団体を顕彰します。
表彰対象団体	①NPO（非営利団体）、ボランティアグループ、個人であること ②日本とアジア・オセアニアの懸け橋となる活動を目的としていること ③過去、かめのり賞の顕彰を受けていないこと
賞金額 （総額）	
賞金額 （1件あたり）	100万円
応募手続き	応募書類を当財団まで郵便等でお送りください。 所定の応募書類は、募集開始（2021年6月下旬予定）後にホームページからダウンロードできます。 1．所定の応募用紙 2．所定の推薦書 3．所定の確認書 4．以下のいずれかを提出 　①CANPAN（https://fields.canpan.info/organization/）へ団体情報を入力の上、「団体情報／団体詳細」を印刷したもの（情報開示レベル4以上の記載、及び②で示す書類の添付を含んだ団体情報を印字し、添付すること） 　②最新の事業計画書、予算書および過去2年間の事業報告書、決算書またはこれらの内容を記したもの 5．組織・活動の内容を記したパンフレットなど 6．活動報告書やアンケート結果など活動成果のわかるもの（可能な範囲で） 7．今年度以降、特に予定している新規事業があればその内容を記したもの
応募期間 及び応募締切	7月〜8月（予定）
表彰決定時期	11月下旬（予定）
備　考	・2022年1月8日（土）に開催予定の表彰式に必ず出席すること（オンラインを予定）。 ・2022年秋に表彰後の活動について報告書を提出すること。
提出書類	①定款・規約　○　②団体の予算書・決算書　●　③役員名簿　○　④団体資料（パンフレット）　● ⑤その他　「応募手続き」に記載の通り

一般財団法人	こうえんざいだん **公園財団**

住　所	112-0014　東京都文京区関口1-47-12　江戸川橋ビル2F
TEL	03-6674-1188　　FAX　03-6674-1190
ホームページ	(公園財団)https://www.prfj.or.jp/ (公園・夢プラン大賞)https://yumeplan.prfj.or.jp/
E-Mail	(公園・夢プラン大賞専用)yumeplan@prfj.or.jp
理念 事業の目的等	「公園・夢プラン大賞」は、全国の公園緑地等を舞台に、市民による自由な発想で実施されたイベントや活動、これからやってみたいアイデア・プランを募集し、審査・表彰するもので、公園を楽しく使いこなす人々をさらに増やしてゆくことを目指しています。
事業名	**公園・夢プラン大賞2021**
表彰対象内容	●「実現した夢」部門 ・公園で行われ、皆さんの「夢の実現」となった、素敵なイベントや活動を募集します。 ・過去5年間（2017年1月1日以降）に、公園で実施されたイベントや活動とします。イベントや活動の主催者は問いませんが、市民が主体となり実施したイベントや活動とします。 ・過去に「公園・夢プラン大賞」に応募したイベントや活動も応募できます（入賞・入選プランを除く）。 ●「やりたい夢」部門 ・公園で「やってみたい」「できたらいいな」という楽しいイベントや活動のアイデアを募集します。 ・応募プランは、実際に公園のイベントとして実現することがあります。 ・応募プランの実現に際しては、内容の一部が変更される場合があります。 ・指定管理者、公園管理者に携わる方のアイデアも大歓迎です。
表彰対象団体	●「実現した夢」部門 ・個人・グループ・団体・企業を問わず、どなたでも応募できます。自薦・他薦を問いません。 ※他薦の場合は、イベントや活動実施者の了解を得てください。 ●「やりたい夢」部門 ・どなたでも応募できます。
賞金額 （総額）	「実現した夢」「やりたい夢」両部門合計　41万円
賞金額 （1件あたり）	●「実現した夢」部門　　　　　　　　　　　●「やりたい夢」部門 最優秀賞：10万円のギフト券×1本　　　最優秀賞：　5万円のギフト券×1本 優秀賞　：　5万円のギフト券×2本　　　優秀賞　：　3万円のギフト券×2本 入選　　：　1万円のギフト券×5本　　　入選　　：　1万円のギフト券×5本
応募手続き	申込用紙は公園・夢プラン大賞HPからダウンロードできます。 ●「実現した夢」部門 ・応募用紙に必要事項を記入し、郵送または、Eメールでお送りください。 ・HPの応募フォームからも応募できます。 ・実施状況写真は必ず添付してください。 ●「やりたい夢」部門 ・応募用紙に必要事項を記入し、郵送または、FAX、Eメールでお送りください。 ・HPの応募フォームからも応募できます。 ・内容は文章・イラストなど自由に表現してください。
応募期間 及び応募締切	募集期間：2021年4月16日（金）～2021年9月30日（木）
表彰決定時期	審査結果は12月上旬頃、公園・夢プラン大賞HP上で公開します。 受賞者には直接お知らせします。
備　考	審査のポイント ●「実現した夢」部門 ・イベントや活動にかけた思いが伝わってくるもの ・公園、地域や町の活性化に関わったもの ●「やりたい夢」部門 ・やってみたくなる・参加したくなる新しいイベントのアイデア ・公園の利用方法の新しい提案
提出書類	①定款・規約　●　②団体の予算書・決算書　●　③役員名簿　●　④団体資料（パンフレット）　● ⑤その他　　応募用紙、実現した夢部門は実施状況写真

こーぽれーとがばなんすきょうかい
コーポレートガバナンス協会

住　所	231-0006　神奈川県横浜市中区南仲通3-30　スギヤマビル3階　堤税理士事務所内
TEL	045-263-6965　　FAX　045-263-6966
ホームページ	http://www.teamcg.or.jp
E-Mail	info@teamcg.or.jp
理念 事業の目的等	コーポレートガバナンス（企業統治）などの啓蒙教育や人材育成教育を実施するとともに、「難病や障がいのある子どもやその親を支援する個人や団体の活動を助成することでCSRの実践を行うことにより社会貢献を行う団体。
事業名	**北川奨励賞**
表彰対象内容	難病や障がいのある子どもやその親を支援する活動をしている個人や団体の運営、イベント、家族への活動費用。
表彰対象団体	団体・個人・法人格の有無を問わない。
賞金額 （総額）	総額200万円
賞金額 （1件あたり）	50万円を限度とする
応募手続き	・毎年12月初めに当協会ホームページに応募案内等を掲載 ・同時に都道府県社会福祉協議会、政令指定都市社会福祉協議会、支援センターへ案内状を送付
応募期間 及び応募締切	12月1日〜翌1月中旬
表彰決定時期	選考委員会で確認後、各団体へ通知する。2月末日。
備　考	・書類選考を1月末に行い、2次選考団体に対して選考委員会で協議する。（団体の活動、助成金の使途などを簡単な記載にとどめている） ・2次選考団体からは下記提出書類の提出を求める。 ・贈呈団体は、贈呈式に招待し、団体の活動について発表して頂きます。 ※今年は「第22回北川奨励賞」として実施予定。
提出書類	①定款・規約 ● 　②団体の予算書・決算書 ● 　③役員名簿 ● 　④団体資料（パンフレット） ● ⑤その他

独立行政法人	こくさいこうりゅうききんあじあせんたー（あじあ・しみんこうりゅうじょせい） **国際交流基金アジアセンター（アジア・市民交流助成）**

住　所	１６０－０００４　東京都新宿区四谷１－６－４　四谷クルーセ３階

TEL	０３－５３６９－６０２５	FAX	

ホームページ	https://jfac.jp/
E－Mail	jfac-grant-pp@jpf.go.jp

理念 事業の目的等	国際交流基金アジアセンター（以下、アジアセンター）は、日本を含むアジア地域に暮らす人々が、相互交流や共同作業を通じてお互いを良く理解し、アジアにともに生きる隣人としての共生の意識を育んでいくことを目指しています。 新型コロナウイルスの流行が続き、国際文化交流事業の中止や延期が余儀なくされる中で、アジアセンターがこれまで支援してきた、日本とアジアの協働による相互交流の継続的な実施は、引き続き喫緊の課題になっています。また、国境を越えた自由な往来が依然として難しい状況下でも、新しい形態やアイデア、コンセプトでの国際交流の試みが始まっています。加えて「コロナ後」の時代を見据えた国際交流事業—アジアの人々の日本に対する多様な関心の喚起、国内におけるアジアの文化理解促進など—のための事業を実施していくことも重要です。ASEAN諸国を中心としたアジアの国々と草の根レベルで交流に取り組む団体、また文化・芸術、スポーツ、学術等の各分野において国際交流を実践している団体を対象に、現状の課題に取組みつつ「コロナ後の時代」を見据えた新しい国際交流の在り方を模索する事業について、経費の一部を助成します。

事業名	**アジア・市民交流助成**

助成対象内容	以下の経費の一部を助成します。 （１）国内旅費 （２）謝金 （３）会場・機材使用料 （４）広報費・資料作成費 （５）運営管理費

助成対象団体	＜申請資格＞ （１）申請者の資格 ア　日本に活動拠点をおく団体であること。個人に対する助成は行いません。 イ　事業を計画に従い遂行する組織体制を有していること。 ウ　申請団体名義の国内銀行口座を保持していること。もしくは助成金の受諾までに開設できること。 エ　各種提出書類の作成及び国際交流基金との連絡を日本語もしくは英語で支障なく行えること。 オ　「独立行政法人国際交流基金反社会的勢力への対応に関する規程」（平成２７年度規程５２号）第２条第２項第１号に定める反社会的勢力に該当しないこと。 （２）申請資格をもたない機関 ア　日本国（行政機関の国家機関）、地方公共団体、独立行政法人及び地方独立行政法人（以下「国等」という。） イ　国等の設置する教育機関、研究機関その他国等に属する組織・団体、施設等（国等が設立に関与する組織・団体であっても、社団法人や財団法人等、固有の法人格を持つ団体は含まない。） ウ　外国政府（省庁等の行政機関）及び外国政府の在外公館 エ　日本国が資金を拠出している国際機関 ＜対象事業＞ （１）事業内容 日本及びASEAN１０か国（インドネシア、カンボジア、シンガポール、タイ、フィリピン、ブルネイ、ベトナム、マレーシア、ミャンマー、ラオス）の人々が主体となって実施される、国境を越えた人の移動を伴わない共同事業。日本及びASEAN１０か国が対象で、日本からの参加があれば、多国間の交流事業でも対象となります。また日本国内に居住する東南アジアの人々との協働で行われる、多文化共生に資する文化交流事業も対象に含みます。 （２）対象期間 ２０２１年５月１日〜１１月３０日 （３）対象としない事業 ア　国境を越えてた人の移動を伴うもの （※今後出入国関する規制が緩和された場合でも対象にはなりません） イ　日本文化紹介を主目的とし相互交流や協働の要素がないもの ウ　日本語教育、日本研究を主目的とするもの エ　観光を主目的とするもの オ　自然科学、医学、工学分野を専らとするもの カ　事業の成果が特定の者のみの利益に寄与すると認められるもの キ　宗教的又は政治的な目的のために利用されるもの ク　営利を目的として実施されるもの

	ケ 布教活動、政治活動、選挙活動、特定の主義・主張・政策の普及を直接の目的と するもの コ 資本金・基金の募集、債務の救済、寄付、広告、助成金や賞の創設に関わるもの サ 設備・機器、土地等の購入を目的とするもの
助成金額 （総額）	
助成金額 （1件あたり）	２００万円未満
申請手続き	詳しくは、国際交流基金アジアセンターウェブサイト上の申請要領を参照してくださ い。
応募期間 及び応募締切	２０２１年４月１日（木）～２０２１年９月３０日（金）※１７時必着、直接持ち込み はできません。
助成決定時期	申請書類の提出時期に応じて申請クールを設け審査を行い、Ｅメールで通知します。 詳細は、国際交流基金アジアセンターウェブサイト上の申請要領を参照してください。
備　考	申請要領、申請書、予算書は、国際交流基金アジアセンターウェブサイトよりダウン ロードしてください。
提出書類	①定款・規約 ●　②団体の予算書・決算書 ●　③役員名簿 ●　④団体資料（パンフレット）● ⑤その他

こくさいこうりゅうききん（こみゅにけーしょんせんたー）	
独立行政法人 **国際交流基金（コミュニケーションセンター）**	

住　所	160-0004	東京都新宿区四谷1-6-4四谷クルーセ　国際交流基金　コミュニケーションセンター　地球市民賞事務局

TEL	03-5369-6075	FAX	03-5369-6044

ホームページ	https://www.jpf.go.jp/j/about/citizen/guideline/
E－Mail	chikyushimin@jpf.go.jp

理念 事業の目的等	国際交流基金地球市民賞（以下、地球市民賞）は、1985年に創設され、本年度で35年目を迎えます。これまで112団体が受賞され、さらなる飛躍のきっかけとなるとともに、地域の活性化、地方創生にも貢献しています。 全国各地で、国際文化交流活動を通じて、日本と海外の市民同士の結びつきや連携を深め、互いの知恵やアイディアを交換し、ともに考える団体を応援します。
事業名	**国際交流基金地球市民賞**
表彰対象内容	応募団体の対象活動は「文化芸術による地域づくりの推進」「多様な文化の共生の推進」「市民連携・国際相互理解の推進」の3分野です。 「文化芸術による地域づくりの推進」 日本と海外をつなぐ文化・芸術の交流を通じて、豊かで活気のある地域やコミュニティをつくる活動など。 「多様な文化の共生の推進」 外国人の多様な文化（言語教育を含む）を理解、尊重し、ともに豊かで活気ある地域やコミュニティを築いていこうとする活動など。 「市民連携・国際相互理解の推進」 共通の関心や問題意識を通じ、日本と海外の市民同士の連携や相互理解を進める活動など。
表彰対象団体	公益性の高い国際文化交流活動を行っている日本国内の団体。 団体の法人格は問いませんが、地方自治体は対象としません。
賞金額 （総額）	600万円以内（1件200万円×3件以内）
賞金額 （1件あたり）	正賞（賞状）と副賞（1件200万円）
応募手続き	全国より、自薦／他薦にて広く募集します。（どなたでもご応募、ご推薦できます！） 地球市民賞ウェブサイトより応募ガイドライン・応募用紙（Microsoft Word形式、PDF形式）をダウンロードし、必要事項をご記入の上、Eメール、ファックス、郵送にてご応募ください。 ※各団体および個人は、最大5件まで応募／推薦できます。 ※応募用紙受理後、内容確認のため担当者よりご連絡を差し上げる場合があります。 ※応募用紙をダウンロードできない場合は、事務局までご請求ください。なお、ご提出いただいた書類及び資料は返却いたしませんので、ご了承ください。
応募期間 及び応募締切	2020年度の応募受付は終了しました。 ※2021年度の応募受付開始は2021年6月中旬の予定です。
表彰決定時期	2021年度の受賞団体は2021年1月下旬に本ウェブサイトで発表します。ご応募いただいた皆様には、メールにて結果をご連絡いたします。なお、授賞式は2021年3月上旬、都内にて開催を予定しています。 ※2022年度スケジュールは未定です。
備　考	過去の受賞団体例 2020年度：高田馬場さくらクリニック（東京都新宿区）、海外に子ども用車椅子を送る会（東京都福生市）、こえとことばとこころの部屋（大阪府大阪市）
提出書類	①定款・規約　●　②団体の予算書・決算書　●　③役員名簿　●　④団体資料（パンフレット）　● ⑤その他

	こばやしせいやくあおいとりざいだん	
公益財団法人	小林製薬青い鳥財団	

住　所	１０６－００３２	東京都港区六本木１－７－２７　全特六本木ビルEast５F		
ＴＥＬ	０３－３５０５－５３７１		ＦＡＸ	０３－３５０５－５３７７
ホームページ	https://www.kobayashi-foundation.or.jp			
Ｅ－Ｍａｉｌ	info@kobayashi-foundation.or.jp			

理念 事業の目的等	小林製薬青い鳥財団では、障がいや病気を抱える子どもたちとそのご家族にとって"あったらいいな"をカタチにされており、著しい成果を収められた個人又は団体に対し、顕彰事業を実施しております。
事業名	小林製薬青い鳥財団賞
表彰対象内容	
表彰対象団体	【応募資格】 障がいや病気を抱える子どもたちとその家族が抱えている様々な医療・福祉上の支援活動及び調査研究において、著しい成果を収めた個人又は以下の法人等（日本国内において活動しているものに限ります）。 ・公益法人（公益社団法人又は公益財団法人） ・一般法人（一般社団法人又は公益財団法人） ・ＮＰＯ法人（特定非営利活動法人、特例認定特定非営利活動法人又は認定特定非営利 　活動法人） ・その他ボランティア団体、町内会など非営利かつ公益に資する活動を行う団体
賞金額 （総額）	３００万円～６００万円程度
賞金額 （1件あたり）	３００万円
応募手続き	ホームページから所定の申請用紙（Ａ４サイズ）をダウンロードし、必要事項をご記入の上、必要書類を添えて押印した正本１部のみ郵送にて応募して下さい。日本語での記入を条件とします。郵送いただいた書類等の返却は出来かねますので、予めご了承下さい。
応募期間 及び応募締切	毎年６月～７月頃を応募期間としております。 ※詳細な期日は、ホームページにてご確認下さい。
表彰決定時期	毎年９月下旬頃に採否を通知します。
備　考	
提出書類	①定款・規約 ● ②団体の予算書・決算書 ● ③役員名簿 ● ④団体資料（パンフレット）● ⑤その他

公益財団法人 社会貢献支援財団

しゃかいこうけんしえんざいだん

住 所	105-0003 東京都港区西新橋1-18-6　クロスオフィス内幸町801
TEL	03-3502-0910　　FAX 03-3502-7190
ホームページ	https://www.fesco.or.jp
E-Mail	fesco@fesco
理念 事業の目的等	国の内外を問わず、社会と人間の安寧と幸福のために貢献し、顕著な功績を挙げられながら、社会的に報われることの少なかった方々を表彰させて頂き、そのご功績に報い感謝することを通じてよりよい社会づくりに資することを目的としています。
事業名	社会貢献者表彰
表彰対象内容	・困難な状況の中で黙々と努力し、社会と人間の安寧、幸福のために尽くされた功績 ・海の安全や環境保全、山や川などの自然環境や絶滅危惧種などの希少動物の保護に尽くされた功績 ・犯罪等の発生に際し、身命の危険を冒してその解決に協力された功績　　など
表彰対象団体	団体や個人、法人格の有無などは問いません。 日本で活動する方、もしくは海外で活動する日本人を対象とする。
賞金額 （総額）	副賞1件50万円×80件＝4000万円
賞金額 （1件あたり）	副賞1件あたり50万円
応募手続き	応募書類を郵送もしくはWebサイトの送信フォームをご利用下さい。 応募書類は事務局に請求もしくはWebサイトからダウンロードできます。
応募期間 及び応募締切	例年10月31日締切
表彰決定時期	4月上旬と9月上旬
備 考	
提出書類	①定款・規約 ○　②団体の予算書・決算書 ○　③役員名簿 ○　④団体資料（パンフレット）◉ ⑤その他　あれば新聞記事等

とうきょうきわにすくらぶ
一般社団法人 東京キワニスクラブ

住　所	101-0047	東京都千代田区内神田2-3-2　　米山ビル7F

TEL	03-5256-4567	FAX	03-5256-0080

ホームページ　https://tokyo-kiwanis.or.jp
E-Mail　tokyokiwanis@japankiwanis.or.jp

理念 事業の目的等	東京都内における社会公益のために、長い間献身的な労苦を続けている人を広く探し求め、その功績に敬意を表するとともに、その尊い存在を世間に紹介しようとするものである。加えて、これを契機として社会福祉対策が政府においても民間においても積極的に取り上げられ、満足な施策が講ぜられるよう出来る限りの運動を展開しようとするものである。なお、当クラブは特に幼い子どものための奉仕活動に力を入れているため、その点を考慮する。
事業名	**社会公益賞**
表彰対象内容	基本的には5年以上活動を継続していることが要件となる。上記理念及び事業の目的等に沿った活動をする団体（法人格は問わない。）及び、個人（グループ活動を主とする。）の事業に対し表彰。
表彰対象団体	NPO・ボランティアグループ（法人格は問いません。）
賞金額 （総額）	20万円（2021年度）
賞金額 （1件あたり）	20万円
応募手続き	東京キワニスクラブ事務局宛申請用紙を取寄せ、必要事項を記入し、社会公益委員会宛に申し込む。（東京キワニスクラブ事務局経由）
応募期間 及び応募締切	2020年4月1日～2021年3月31日までの事業を対象とします。 2020年11月15日～2021年3月31日（当日消印有効）
表彰決定時期	2021年7月中旬　申請者宛書面等で通知
備　考	応募は一団体につき1件のみです。
提出書類	①定款・規約 ●　②団体の予算書・決算書 ●　③役員名簿 ●　④団体資料（パンフレット） ● ⑤その他　連絡先明示のこと。

とうきょうきわにすくらぶ

一般社団法人 東京キワニスクラブ

住　所	１０１－００４７	東京都千代田区内神田２－３－２　米山ビル７Ｆ
ＴＥＬ	０３－５２５６－４５６７	ＦＡＸ　０３－５２５６－００８０
ホームページ	https://www.tokyo-kiwanis.or.jp	
Ｅ－Ｍａｉｌ	tokyokiwanis@japankiwanis.or.jp	

理念 事業の目的等	会員が社会奉仕の精神を持って行動するよう啓発し、社会福祉事業その他の社会福祉活動及び青少年の健全な育成のための活動に対する援助と協力、各種災害に対する支援を行うとともに、社会奉仕の精神を普及することにより、より良き地域社会の形成を図り、あわせて会員相互の研鑽を図ることを目的とする。
事業名	**青少年教育賞**
表彰対象内容	国際的な活動を含め青少年の健全育成に努める学生主体のボランティア団体に対して、一層の活動の発展を支援するために設けた賞です。個人または団体を毎年表彰するもので、近年は若い世代の人達自身の奉仕活動を優先的に取り上げ、賞状と副賞賞金を贈呈しています。
表彰対象団体	以下の３つの応募資格を満たしているボランティア団体 　　１．青少年を対象に学生が主体的に活動している 　　２．原則として設立から５年以上である 　　３．関東周辺を拠点に活動している
賞金額 （総額）	２０万円
賞金額 （１件あたり）	最優秀賞　　副賞　　１０万円 　優秀賞　　　副賞　　５万円
応募手続き	応募フォームをダウンロードして郵送またはメール添付にて提出 （https://www.tokyo-kiwanis.or.jp）
応募期間 及び応募締切	応募期間（毎年） ２０２１年１月３１日～２０２１年５月３１日（締切日：２０２１年５月３１日必着）
表彰決定時期	８月中旬までに受賞団体に通知の上、東京キワニスクラブＨＰ上にて発表
備　考	表彰式：９月に贈呈式を行う予定です（詳細は後日連絡します） 　　　　受賞団体は、希望すればキワニス・ユースフォーラムに参加することができます
提出書類	①定款・規約　●　②団体の予算書・決算書　●　③役員名簿　●　④団体資料（パンフレット）　● ⑤その他　　所定の応募申込書、活動状況の画像等、リモート形式のヒアリングあり

	としりょっかきこう	
公益財団法人	**都市緑化機構（緑の都市賞）**	

住所	101-0051	東京都千代田区神田神保町3-2-4　田村ビル2F

TEL	03-5216-7191	FAX	03-5216-7195

ホームページ	https://urbangreen.or.jp/
E-Mail	info@urbangreen.or.jp

理念 事業の目的等	樹木や花、水辺などの「みどり」を用いた環境の改善、景観の向上、地域社会の活性化、青少年の育成等に取り組み、環境や社会に対する貢献の実績と成果をあげている団体等を顕彰し、快適で地域に優しい生活環境の創出を推進することを目的として、1981年に創設されました。表彰は、内閣総理大臣賞をはじめとする各賞です。また、応募の主体が市民団体である緑の市民協働部門の受賞団体には、活動助成金を贈呈します。
事業名	**緑の都市賞**
表彰対象内容	主に市民団体(町内会・自治会等の地縁団体、ＮＰＯ法人、学校・病院等での活動を展開している団体等) (行政や民間事業者と協働で実施している場合を含むが、応募の主体が市民団体であること) ボランティアを基本とした緑化活動で、地域の社会や環境へ貢献するものとします。
表彰対象団体	◇緑の市民協働部門 応募対象　主に市民団体(町内会・自治会等の地縁団体、ＮＰＯ法人、学校・病院等での活動を展開している団体等) (行政や民間事業者と協働で実施している場合を含むが、応募の主体が市民団体であること) 応募内容　ボランティアを基本とした緑化活動で、地域の社会や環境へ貢献するものとします。 ◇緑の事業活動部門 応募対象　主に民間事業者 (市民団体や行政と協働で実施している場合を含むが、応募の主体が民間事業者であること) 応募内容　民間、公共の空間を問わず事業活動またはその一環として取組んでいる緑の保全や創出活動で、地域の社会や環境に貢献するものとします。(例：オフィスビル・学校・マンション・工場の緑化等) ＮＰＯ法人等で、公園の指定管理者などとして活動の大半を事業活動として取組んでいるものも含みます。 学校や病院等で、業者委託での緑地の整備や管理に取組んでいるものなどもの含みます。 ◇緑のまちづくり部門 応募対象　主に市区町村 (市民団体や民間事業者と協働で実施している場合を含むが、応募の主体が行政であること) 応募内容　都市や地域の緑地の保全や緑化の推進について、緑の基本計画の策定や地域の個性を活かした施策を展開し、その成果をあげているものとします。 (例：地方公共団体の緑化施策、面的開発事業における緑地の保全・創出等)
賞金額 （総額）	ＨＰより、応募要項を参照願います。
賞金額 （1件あたり）	ＨＰより、応募要項を参照願います。
応募手続き	応募書類を当機構ホームページからダウンロードし、必要事項をご記入の上、 「緑の都市賞担当者」宛に郵送して下さい。https://urbangreen.or.jp
応募期間 及び応募締切	応募受付期間 （4月～6月末） 2021年6月30日(水)迄　※2021年度の場合
表彰決定時期	2021年10月中旬にホームページで発表するとともに文書にて通知します。
備考	
提出書類	①定款・規約○　②団体の予算書・決算書○　③役員名簿○　④団体資料（パンフレット）○ ⑤その他

	にほんじょせいがくしゅうざいだん
公益財団法人	**日本女性学習財団**

住　所	１０５－００１１	東京都港区芝公園２－６－８　日本女子会館５階

TEL	０３－３４３４－７５７５	FAX	０３－３４３４－８０８２

ホームページ	https://www.jawe2011.jp/
E－Mail	jawe@nifty.com

理念 事業の目的等	テーマは「出発・再出発」。男女共同参画社会、多様な人々が生きやすい社会の実現に向けて、次への一歩を踏み出したい／踏み出した人（踏み出す人を支援する人・グループも可）の思いやその過程などをまとめたレポートを募集し、優秀作を表彰する。 ※レポートの内容は、家庭、仕事、学校生活、地域活動、女性活動、ＮＰＯおよびＮＧＯ活動、社会教育・生涯学習活動、震災経験や復興に向けた営みなど、はば広い領域を対象とする。
事業名	**日本女性学習財団　未来大賞**
表彰対象内容	趣旨に関心をもつ個人及びグループ（性別・国籍問わず）
表彰対象団体	趣旨に関心をもつ個人及びグループ（性別・国籍問わず）
賞金額 （総額）	１０万円
賞金額 （1件あたり）	未来大賞　奨励金１０万円（１篇のみ）
応募手続き	Ｅメール添付ファイル、または郵送（簡易書留） 提出物 （１）応募レポート本文 （２）目次 （３）要旨 （４）所定応募用紙（財団ＨＰからダウンロード、またはメール等で請求。）
応募期間 及び応募締切	４月１日募集開始　８月３１日締切（当日消印有効）
表彰決定時期	１２月下旬までに応募者全員に通知
備　考	大賞受賞者のレポートは、当財団発行の月刊「Ｗｅ　ｌｅａｒｎ（ウィラーン）」に全文掲載する。
提出書類	①定款・規約　●　②団体の予算書・決算書　●　③役員名簿　●　④団体資料（パンフレット）　● ⑤その他

公益財団法人 毎日新聞東京社会事業団

住　所	１００−８０５１　東京都千代田区一ツ橋１−１−１
ＴＥＬ	０３−３２１３−２６７４　　ＦＡＸ　０３−３２１３−６７４４
ホームページ	https://www.mainichi.co.jp/shakaijigyo/
Ｅ−Ｍａｉｌ	mai-swf@fine.ocn.ne.jp

理念 事業の目的等	全国の社会福祉関係者および団体の中から、とくに優れた功績をあげ、社会福祉の発展向上に貢献している個人あるいは団体を表彰し、新しい福祉国家の形成と進展に寄与するねらいです。
事業名	**毎日社会福祉顕彰**
表彰対象内容	（１）学術 社会福祉全般あるいは児童、高齢者、心身障害者などの分野について優れた研究論文・資料を作成した個人または団体。 （２）技術 社会福祉全般あるいは児童、高齢者、心身障害者などの分野で、独創的な科学技術、プロセスを導入し、効果をあげた個人または団体。 （３）創意 社会福祉施設の改善、整備、あるいは福祉活動についての指導、育成養護などの実務面において独創的な発想、創意、工夫を取り入れ、業績をあげた個人または団体。 （４）奉仕 長年にわたって国際福祉、地域福祉または福祉施設、団体、援護を要する個人などに対し、奉仕活動を続け、将来もこれを継続して行う強い意志を持つ個人または団体。 （５）勤勉 社会福祉施設等に長年（３０年以上）にわたって勤続し、その使命に献身、勉励し、顕著な成績をあげた個人。 （６）その他 新しい分野を開き、時代のニーズに応える福祉活動をしている個人または団体。その他、上記のどの項目にも該当しないが、社会福祉の分野で顕彰に値する功績をあげ、貢献をした個人または団体。
表彰対象団体	特に制限なし。
賞金額 （総額）	総額３００万円
賞金額 （１件あたり）	賞金１件１００万円
応募手続き	本顕彰の候補を推薦しようとする団体または個人は、所定の候補推薦用紙(最寄りの毎日新聞社会事業団、都道府県社会福祉協議会にあります)に所要事項を記入して、お送りください。なお、候補の活動の実績を示す資料や書類などがありましたら、添付してください。添付資料・書類は原則として返却いたしませんのでご了承下さい。なお、自薦は認めませんので、ご注意ください。
応募期間 及び応募締切	毎年３月１日〜５月３１日
表彰決定時期	９月中旬発表
備　考	
提出書類	①定款・規約 ●　②団体の予算書・決算書 ●　③役員名簿 ●　④団体資料（パンフレット） ● ⑤その他

第51回
「毎日社会福祉顕彰」候補推薦書

記載年月日　　　年　　月　　日

候補者名 団 体 名 （代表者名）	ふ り が な （個人は生年月日）　　（団体は設立年月日） 　年　　月　　日生まれ　　年　　月　　日設立
現住所 (所在地)	〒 TEL FAX
勤務先 名称 住所	〒 TEL FAX
略歴	
大臣・知事表彰など表彰歴	

推薦事項と理由（別の紙を使わずなるべくこのスペースでご記入下さい）
添付資料、書類名

毎日新聞社会事業団　殿

推薦者・団体名（代表者）

印

所在地　〒

　　　　TEL

被推薦者とのご関係（ご記入は任意です）

※縮小・拡大せずに必ずこの用紙サイズのままでご応募ください

こみゅにてぃびじねすさぽーとせんたー

NPO法人 コミュニティビジネスサポートセンター

住　所	101-0054 東京都千代田区神田錦町3-21　ちよだプラットフォームスクウェアA-205
TEL	03-5939-9503　　FAX　03-5939-9502
ホームページ	http://cb-s.net/tokyosupport/
E-Mail	tokyosupport@cb-s.net

理念 事業の目的等	東京都内での女性・若者・シニアによる地域に根差した創業を支援します。 ※本事業は、東京都が東京都信用金庫協会・東京都信用組合協会を通じて、融資原資を信用金庫・信用組合に預託することで、有利な条件での融資を実行する事業です。また、アドバイザーの活動は、東京都の補助金を活用して行っております。
事業名	**女性・若者・シニア創業サポート事業**
融資対象内容	地域の需要や雇用を支える事業 　　例）・働くママを助ける家事代行サービス 　　　　・地域のお年寄りを見守る介護サービス業 　　　　・地元商店街で飲食店開業　　など ※融資対象にならないもの 　　公序良俗に問題のある事業、風俗営業などでないこと
融資対象団体	【融資・支援対象者】 ・女性、若者（39歳以下）、シニア（55歳以上）で、創業の計画がある者又は創業後5年未満の者（代表者） 　※個人で創業し、同一事業を法人化した者で、個人で創業した日から5年未満の者も含まれます ・個人事業主、株式会社、NPO法人、一般社団法人、一般財団法人 ・東京都内に本店又は主たる事業所を置く創業事業であること ・地域の需要や雇用を支える事業であること 【融資・支援条件】 ・創業規模は中小企業者の範囲に合致し、大企業が実質的に経営を支配していないこと ・公序良俗に問題のある事業、風俗営業などでないこと ・現在かつ将来にわたって暴力団等反社会的勢力に該当しないこと ・法令等で定める租税についての未申告、滞納がないこと
融資金額 （総額）	
融資金額 （1件あたり）	1,500万円以内（運転資金のみは750万円以内） ※取扱金融機関によって上限金額の設定は異なります（上記の範囲内）。
申請手続き	融資の申し込みについては、ホームページ記載の金融機関にお問い合わせください。 ※事業内容についてのご質問等は、当会までご連絡下さい。また、個別相談会、各種セミナーも開催しております。詳細はホームページをご覧ください。
受付期間 及び受付締切	随時
融資決定時期	随時（目安として2ヶ月程度　※事業内容や金融機関によって審査に必要な期間は変わります。）
備　考	【融資条件】 ・融資限度額：1,500万円以内（運転資金のみは750万円以内） ・利率（年）：固定金利1％以内 ・ご返済期間：10年以内＜うち据置期間3年以内＞ ・担保：無担保 ※取扱金融機関によって金額、利率、返済期間等の詳細な設定は異なります（上記の範囲内）。また、本事業と併せて取扱金融機関独自の融資を利用する場合、表面記載の融資条件と異なる可能性があります。 【資金の使いみち】 　新たに事業を始めるため、または新たな事業開始後に必要とする設備資金・運転資金 ※他の借入金の借換は対象となりません。 【支援内容】※全て無料 ・地域創業アドバイザーがセミナーや個別相談を行います。（原則3回まで）

・事業計画についてセミナーや面談形式でアドバイスを受けることができます。
・地域創業アドバイザーが、融資後も皆様を訪問して経営をサポートします。（最長５年間）
　　経営アドバイス・・・・・・経営ノウハウ・地域ネットワークを持ったアドバイザーが、
　　　　　　　　　　　　　　　事業計書のブラッシュアップ・事業の継続発展のためのアド
　　　　　　　　　　　　　　　バイスを行います。（年３回）
　　決算書作成アドバイス・・・税理士等が、帳簿・記帳・はじめての決算書作成関する
　　　　　　　　　　　　　　　アドバイスを行います。（初年度のみ２回）

提出書類	①定款・規約 ●	②団体の予算書・決算書 ●	③役員名簿 ●	④団体資料（パンフレット） ●
	⑤その他　当会までお問い合わせください。			

せいぶしんようきんこ
西武信用金庫

住　所	164-8688	東京都中野区中野2-29-10
TEL	03-3384-6631	FAX 03-5385-5111
ホームページ	http://www.shinkin.co.jp/seibu/	
E-Mail		

理念 事業の目的等	西武信用金庫は地域金融機関として、地域社会への貢献のために「ソーシャルビジネス」「コミュニティビジネス」を営むお客さまをご支援しております。
事業名	**西武コミュニティローン（コミュニティビジネス支援ローン）**
融資対象内容	主たる事業所の所在地が当金庫の営業地区内にあり、勝下記の条件をいずれか満たす方とさせていただきます。 ①NPO法人設立後の活動資金、設備資金 ②認証および認可保育所の開設資金、設備資金、または経営に必要な資金 ③コミュニティビジネスの創出資金、充実資金 ④地域の商店会等の団体が行う地域商業振興の資金
融資対象団体	①国や自治体等から「特定非営利活動法人」の法人認証を受けた方 ②国や自治体等から「認証保育所」の認証を受けた方 ③コミュニティビジネスを創出、充実させる事業者の方 ④地域の商店会（商店会の会員が行う商店会活性化を目的とした会社またはNPO法人を含む）等の団体の方
融資金額 （総額）	現時点では設けておりません
融資金額 （1件あたり）	（1）無担保 原則、1,000万円以内（1万円単位） ※助成金がある場合は助成金範囲内まで （2）有担保 不動産を担保として差し入れていただける場合には、原則、当金庫の担保評価の範囲内まで ※有担保の場合は、ご融資時に当金庫所定の不動産担保設定事務手数料が必要となります。
申請手続き	西武信用金庫最寄りの支店でお取り扱いしております。また、ご不明な点は支店窓口または本部までお気軽にお問い合わせ下さい。
受付期間 及び受付締切	随時お申込みを受け付けております。
融資決定時期	お申込みの内容によって異なりますが、通常1カ月程度のご審査期間をいただきます。
備考	・お申込みに際しましては、当金庫所定の審査がございます。結果によってはご希望に添えない場合がございますので、あらかじめご了承願います。 ・ご返済の試算やご用意いただく書類等、詳しくは当金庫の窓口までお問い合わせください。また、店頭に「商品概要書」をご用意しております。 ・ご融資金額によっては、当金庫の出資金10,000円以上ご加入していただく場合がございます。 ・本商品はご返済中に返済条件を変更されますと、当金庫所定の手数料を頂きます。
提出書類	①定款・規約 ● 　②団体の予算書・決算書 ● 　③役員名簿 ● 　④団体資料（パンフレット）● ⑤その他　履歴事項全部証明書（法人格の場合）、本人確認書類　等 ①～⑤の全て、および審査の過程で追加書類をご依頼する場合がございますのでご了承願います。

中央労働金庫

住　所	101-0062	東京都千代田区神田駿河台2-5

TEL	03-3293-2048	FAX	03-3293-2007

ホームページ	https://chuo.rokin.com/
E-Mail	npo@chuo-rokin.or.jp

理念 事業の目的等	ろうきんでは、NPO法人専用の融資制度「NPO事業サポートローン」を取り扱っています。地域の福祉向上を目指すNPO法人の活動を支援することを目的に、福祉金融機関としての役割発揮を目指しています。
事業名	**NPO事業サポートローン**
融資対象内容	（1）運転資金〔経常・長期運転資金、つなぎ資金、季節資金等〕 （2）設備資金〔事務所等施設取得（改装含む）資金、車両・備品購入資金等〕 【ご返済期間】運転資金：原則1年以内、設備資金：原則10年以内
融資対象団体	（1）茨城県・栃木県・群馬県・埼玉県・千葉県・東京都・神奈川県・山梨県内に主たる事務所を有する特定非営利活動法人（NPO法人） （2）原則として、貸付を受けようとする事業を法人格取得前も含めて3事業年度以上継続して行っており、かつ法人格取得後1事業年度以上の決算が確定している法人
融資金額 （総額）	金庫の期首総貸付金残高の0.1%以内
融資金額 （1件あたり）	（1）無担保　1,000万円以内　※つなぎ資金など、1,000万円超のご希望でもご利用いただける場合がありますので、ご相談ください。 （2）有担保　5,000万円以内かつ当金庫所定の担保評価額の範囲内 （3）預金担保　1億円以内かつ担保とする定期性預金の範囲内　※担保にできる預金は、当金庫の定期性預金です。
申請手続き	中央労働金庫　総合企画部（CSR）＜電話03-3293-2048＞または最寄りの営業店までお問い合わせください。
受付期間 及び受付締切	申請期間・申請締切はありません。
融資決定時期	相談書類ご提出後、審査に1～2ヵ月
備　考	・NPO法人の運営・経営責任者（代表者、常勤理事）の方1名以上に個人連帯保証人となっていただきます。 ・ご相談内容や審査結果により、ローンをご利用いただけない場合がありますのであらかじめご了承ください。
提出書類	①定款・規約 ● 　②団体の予算書・決算書 ● 　③役員名簿 ● 　④団体資料（パンフレット） ● ⑤その他　＊NPO法人の認証書（写し） 　　　　　＊法人設立時の申請書類（写し） 　　　　　＊総会議案書（写し） 　　　　　＊法人税確定申告書および附属明細（法人控えの写し）※原則2期分。 　　　　　＊法人登記事項証明書（直近のもの）※写しでも可 　　　　　＊事業の許認可に関する書類（写し） 　　　　　＊資金使途に関する書類 　　　　　＊担保物件の図面・登記簿謄本（有担保の場合） 　　　　　＊その他（ろうきん所定の用紙）

とうきょうこうせいしんようくみあい
東京厚生信用組合

住　所	160-0023　東京都新宿区西新宿6-2-18
TEL	0120-294-805
FAX	03-3342-4163
ホームページ	https://www.tokyokosei.co.jp
E-Mail	koshin@mxj.mesh.ne.jp

理念 事業の目的等	当組合は昭和28年に設立された、福祉・医薬・環境衛生の事業を営む企業及び個人や、従事する職員の皆様への良質な金融サービスの提供を使命としている業域型の信用組合です。 　当組合の職員の過半が介護職員初任者研修（旧ホームヘルパー2級）や認知症サポーターの認定を受けております。
事業名	①「障害者支援事業所様向け融資」 ②「障害者グループホーム事業者様向け融資」 ③「認知症高齢者グループホーム事業者様向け融資」
融資対象内容	
融資対象団体	当組合営業エリア内の法人及び個人
融資金額 （総額）	①1千万円：短期プライムレート＋0.5%or1.0%、返済期間　7年以内、無担保、保証人原則1名以上 ②1ユニット　1億円：1.475%〜、返済期間30年以内、有担保、保証人原則1名以上 ③1ユニット　1億円：1.475%、返済期間30年以内、有担保、保証人原則1名以上
融資金額 （1件あたり）	
申請手続き	当組合宛にお電話、またはメールにてお問合せ下さい。
受付期間 及び受付締切	融資申込の期間、締切日はございません、随時受付しております。
融資決定時期	申請内容を精査・審査後、遅滞なく申請者にご連絡いたします。 ご相談内容や審査の結果、ご利用いただけない場合がありますので予めご了承下さい。
備考	上記①〜③の融資商品の定形外のコースでも、個別に検討いたしますのでご相談下さい。 お問合せ先フリーダイヤル：0120-294-805（ふくしはえんご）ご連絡後、係りがお伺いいたします。
提出書類	①定款・規約　●　②団体の予算書・決算書　●　③役員名簿　●　④団体資料（パンフレット）　● ⑤その他

とうきょうしーぴーびー
東京CPB

住　所	160-0021　東京都新宿区歌舞伎町2-19-13　ASKビル5F
TEL	03-3200-9270　　　　FAX　03-3207-1945
ホームページ	http://www.tokyo-cpb.org/
E-Mail	community-fund@r2.dion.ne.jp

理念 事業の目的等	＊東京ＣＰＢは、地域に必要な社会的事業に市民自らが出資したお金を融資するという、地域内 　資金循環のための「非営利の市民金融」です。 ＊事業の目的は、以下の2つです。①一般の金融機関からは融資が受け難い、しかし社会には 　必要なNPOなどの社会的事業に市民のお金を融資することで、地域での生活を豊かにする 　こと。②一般の金融機関に預金しているお金が、どのように循環しているのか分らない今の 　社会の中で、自分のお金の行き先を分るようにすること。 ＊出資する人と融資を受ける人の双方が、まちの作り手として地域社会に貢献できる新しいお金 　の流れをつくっていきます。
事業名	**社会的事業融資**
融資対象内容	＊融資は、公共性があり社会的に有用な事業を対象としています。 ＊また「融資」という事業の性質上、融資した資金によって剰余金を生み出し、それによって 　返済する、という事業性のある組織を対象としています。（詳しくはお問合せください）
融資対象団体	東京都内で社会的事業を行っている団体を対象としています。法人格の有無は問いません。
融資金額 （総額）	
融資金額 （1件あたり）	＊融資金額は出資金の10倍まで、1,000万円を限度としています。 ＊返済は5年以内とし、原則として元利均等割賦返済です。 ＊つなぎ融資は出資金の30倍まで、融資限度額は1,000万円、1年以内に一括返済です。
申請手続き	＊東京ＣＰＢは会員制の仕組みです。融資を受けるためには出資し、会員となる必要がありま 　す。 ＊融資を希望する場合は、まず事務局にお問合せください。
受付期間 及び受付締切	随時対応していますが、審査に時間を取らせていただきますので早めにお問い合わせください。
融資決定時期	＊融資申請後、書類審査、訪問審査、面接審査があります。 ＊申請から融資まで約2ヵ月かかります。
備　考	＊2021年4月現在の金利は通常の融資1％、つなぎ融資0.8％です。 　また通常融資の場合に独自の制度「ともだち融資団制度」を使った場合は、金利が低くなりま 　す。お問い合わせください。 ＊担保は不要ですが、連帯保証人が2名以上必要です。 ＊融資審査に当たって、書類申請手数料5,000円、200万円以上の融資の場合は審査料 　1万円をいただいています。審査の結果によっては、ご希望に添えない場合もございます。 　予めご了承ください。
提出書類	①定款・規約 ● 　②団体の予算書・決算書 ● 　③役員名簿 ● 　④団体資料（パンフレット） ● ⑤その他　団体の登記簿謄本：印鑑証明書、連帯保証人の住民票・印鑑証明など

にっぽんせいさくきんゆうこうこ　こくみんせいかつじぎょう

株式会社 日本政策金融公庫　国民生活事業

住　所	104－0033 東京都中央区新川1-17-28 日本政策　金融公庫 国民生活事業 東京創業支援センター
TEL	03－3553－6187　　FAX 03－3552－7438
ホームページ	https://www.jfc.go.jp/
E－Mail	
理念事業の目的等	地域や社会の課題解決に取組む中小企業・小規模事業者、NPOのみなさまを応援します。
事業名	ソーシャルビジネス支援資金
融資対象内容	設備資金・運転資金
融資対象団体	次の1または2に該当する方 1　NPO法人 2　NPO法人以外であって、次の（1）または（2）に該当する方 　　（1）保育サービス事業、介護サービス事業等（注1）を営む方 　　（2）社会的課題の解決を目的とする事業（注2）を営む方 　　（注1）日本標準産業分類における老人福祉・介護事業、児童福祉事業、障がい者 　　　　　　福祉事業等を指します。 　　（注2）日本公庫が定める一定の要件を満たす必要があります。
融資金額（総額）	
融資金額（1件あたり）	7，200万円以内（うち運転資金4，800万円）
申請手続き	融資制度、お申込手続き等のお問い合わせはお電話にて承っております。 お気軽にお電話ください。 ※電話番号のお掛け間違いにご注意ください。 事業資金相談ダイヤル　0120－154－505
受付期間及び受付締切	特になし
融資決定時期	
備　考	
提出書類	①定款・規約 ●　②団体の予算書・決算書 ●　③役員名簿 ●　④団体資料（パンフレット）● ⑤その他

ボランティア・市民活動助成ガイドブック

助成・表彰・融資事業
実施団体
連絡先等一覧

助成・表彰・融資事業実施団体　連絡先等一覧

「エクセレントNPO」をめざそう市民会議
113-0013　東京都中央区日本橋人形町３-７-６　LAUNCH 日本橋人形町ビル5階　言論ＮＰＯ内

TEL 03-3527-3972　FAX 03-6810-8729　E-mail enpo@genron-npo.net
URL http://www.excellent-npo.net/

一般社団法人 アクト・ビヨンド・トラスト
150-0044　東京都渋谷区円山町５-５　Ｎａｖｉ渋谷Ｖ ３Ｆ

TEL 03-6665-0816　FAX 03-6869-2411　E-mail contact@actbeyondtrust.org
URL http://www.actbeyondtrust.org/

社会福祉法人 朝日新聞厚生文化事業団
104-8011　東京都中央区築地５-３-２

TEL 03-5540-7446　FAX 03-5565-1643　E-mail shingaku@asahi-welfare.or.jp
URL www.asahi-welfare.or.jp

公益信託 アジア・コミュニティ・トラスト（アジア留学生等支援基金）
113-8642　東京都文京区本駒込２-１２-１３　アジア文化会館１Ｆ　ＡＣＣ２１内

TEL 03-3945-2615　FAX 03-3945-2692　E-mail asip-act@acc21.org
URL http://act-trust.org/

公益財団法人 あしたの日本を創る協会
113-0033　東京都文京区本郷２-４-７　大成堂ビル４Ｆ

TEL 03-6240-0778　FAX 03-6240-0779　E-mail ashita@ashita.or.jp
URL http://www.ashita.or.jp

公益財団法人 安藤スポーツ・食文化振興財団
563-0041　大阪府池田市満寿美町８-２５

TEL 072-752-4335　FAX 072-752-2473　E-mail yoshikazu.aragane@nissin.com
URL http://www.shizen-taiken.com/

公益財団法人 伊藤忠記念財団
107-0061　東京都港区北青山２-５-１

TEL 03-3497-2651　FAX 03-3470-3517　E-mail bs-book@itc-zaidan.or.jp
URL https://www.itc-zaidan.or.jp/

公益財団法人 糸賀一雄記念財団
525-0072　滋賀県草津市笠山７-８-１３８　滋賀県立長寿社会福祉センター内

TEL 077-567-1707　FAX 077-567-1708　E-mail itoga@itogazaidan.jp
URL http://itogazaidan.jp/

公益信託 今井記念海外協力基金
113-8642　東京都文京区本駒込２-１２-１３　アジア文化会館１Ｆ　ＡＣＣ２１内

TEL 03-3945-2615　FAX 03-3945-2692　E-mail imai-kikin@acc21.org
URL http://www.imai-kikin.com/

社会福祉法人 NHK厚生文化事業団
150-0041　東京都渋谷区神南1-4-1　第七共同ビル

TEL 03-3476-5955　FAX 03-3476-5956　**E-mail** info@npwo.or.jp
URL https://www.npwo.or.jp

公益財団法人 大阪コミュニティ財団
540-0029　大阪市中央区本町橋2-8　大阪商工会議所ビル5階

TEL 06-6944-6260　FAX 06-6944-6261　**E-mail** info@osaka-community.or.jp
URL http://www.osaka-community.or.jp

株式会社 大塚商会
102-8573　千代田区飯田橋2-18-4

TEL 非公開　FAX 非公開　**E-mail** heartful@otsuka-shokai.co.jp
URL https://www.otsuka-shokai.co.jp/corporate/csr/society/

独立行政法人 環境再生保全機構
212-8554　神奈川県川崎市幸区大宮町1310　ミューザ川崎セントラルタワー8階

TEL 044-520-9505　FAX 044-520-2192　**E-mail** c-kikin@erca.go.jp
URL http://www.erca.go.jp

公益財団法人 キユーピーみらいたまご財団
150-0002　東京都渋谷区渋谷1-4-13

TEL 03-3486-3094　FAX 03-3486-6204　**E-mail** kmtsupport@kmtzaidan.or.jp
URL https://www.kmtzaidan.or.jp

公益財団法人 キリン福祉財団
164-0001　東京都中野区中野4丁目10番2号　中野セントラルパークサウス

TEL 03-6837-7013　FAX 03-5343-1093　**E-mail**
URL https://foundation.kirinholdings.com/

公益財団法人 区画整理促進機構 街なか再生全国支援センター
102-0084　東京都千代田区二番町12番地12　B.D.A二番町ビル2階

TEL 03-3230-8477　FAX 03-3230-4514　**E-mail** mail@sokusin.or.jp
URL https://www.sokusin.or.jp/machinaka/index.html

公益財団法人 草の根事業育成財団
182-0024　東京都調布市布田1丁目15番9　エスポワール・ヴェール403

TEL 042-427-4278　FAX 042-449-6942　**E-mail** info@kusanoneikusei.net
URL https://kusanoneikusei.net

公益財団法人 KDDI財団
102-8460　東京都千代田区飯田橋3-10-10　ガーデンエアタワー

TEL　FAX　**E-mail** grant@kddi-foundation.or.jp
URL http://www.kddi-foundation.or.jp

公益財団法人 かめのり財団
１０２－００８３　東京都千代田区麹町５－５　ベルヴュー麹町１階

TEL ０３－３２３４－１６９４　　FAX ０３－３２３４－１６０３　　E-mail info@kamenori.jp
URL https://www.kamenori.jp/

一般財団法人　公園財団
１１２－００１４　東京都文京区関口１－４７－１２　江戸川橋ビル２F

TEL ０３－６６７４－１１８８　　FAX ０３－６６７４－１１９０　　E-mail（公園・夢プラン大賞専用）yumeplan@prfj.or.jp
URL （公園財団）https://www.prfj.or.jp/（公園・夢プラン大賞）https://yumeplan.prfj.or.jp/

一般財団法人　コープみらい社会活動財団
１６４－００１１　東京都中野区中央５－６－２

TEL ０３－３３８２－５６６５　　FAX ０３－５３８５－６０３５　　E-mail
URL http://www.coopmirai-zaidan.or.jp

コーポレートガバナンス協会
２３１－０００６　神奈川県横浜市中区南仲通３－３０　スギヤマビル３階　堤税理士事務所内

TEL ０４５－２６３－６９６５　　FAX ０４５－２６３－６９６６　　E-mail info@teamcg.or.jp
URL http://www.teamcg.or.jp

独立行政法人 国際交流基金（コミュニケーションセンター）
１６０－０００４　東京都新宿区四谷１－６－４四谷クルーセ　国際交流基金　コミュニケーションセンター　地球市民賞事務局

TEL ０３－５３６９－６０７５　　FAX ０３－５３６９－６０４４　　E-mail chikyushimin@jpf.go.jp
URL https://www.jpf.go.jp/j/about/citizen/guideline/

独立行政法人 国際交流基金アジアセンター（アジア・市民交流助成）
１６０－０００４　東京都新宿区四谷１－６－４　四谷クルーセ３階

TEL ０３－５３６９－６０２５　　FAX　　E-mail jfac-grant-pp@jpf.go.jp
URL http://jfac.jp/

公益社団法人 国土緑化推進機構
１０２－００９３　東京都千代田区平河町２－７－４　砂防会館　別館５階

TEL ０３－３２６２－８４５７　　FAX ０３－３２６４－３９７４　　E-mail info@green.co.jp
URL http://www.green.or.jp/

公益社団法人 国土緑化推進機構
１０２－００９３　東京都千代田区平河町２－７－４　砂防会館　別館５階

TEL ０３－３２６２－８４５７　　FAX ０３－３２６４－３９７４　　E-mail info@green.co.jp
URL http://www.green.or.jp/

こくみん共済 coop（全国労働者共済生活協同組合連合会）
１５１－８５７１　東京都渋谷区代々木２－１２－１０

TEL ０３－３２９９－０１６１　　FAX ０３－５３５１－７７７６　　E-mail 90_shakaikouken@zenrosai.coop
URL http://www.zenrosai.coop/

独立行政法人 国立青少年教育振興機構
１５１－００５２　東京都渋谷区代々木神園町３－１

TEL ０１２０－５７－９０８１　FAX ０３－６４０７－７７２０　E-mail yume@niye.go.jp
URL https://yumekikin.niye.go.jp

公益財団法人 小林製薬青い鳥財団
１０６－００３２　東京都港区六本木１－７－２７　全特六本木ビルEast５F

TEL ０３－３５０５－５３７１　FAX ０３－３５０５－５３７７　E-mail info@kobayashi-foundation.or.jp
URL https://www.kobayashi-foundation.or.jp

ＮＰＯ法人 コミュニティビジネスサポートセンター
１０１－００５４　東京都千代田区神田錦町３－２１　ちよだプラットフォームスクウェアＡ－２０５

TEL ０３－５９３９－９５０３　FAX ０３－５９３９－９５０２　E-mail tokyosupport@cb-s.net
URL http://cb-s.net/tokyosupport/

公益財団法人 JKA
１０８－８２０６　東京都港区港南一丁目２番７０号　品川シーズンテラス２５階

TEL 　　　　　　　　　　　　FAX 　　　　　　　　　　　E-mail ホームページ内の『お問い合わせフォーム』からお
URL https://hojo.keirin-autorace.or.jp/

社会福祉法人 清水基金
１０３－００２７　東京都中央区日本橋３－１２－２　朝日ビルヂング３階

TEL ０３－３２７３－３５０３　FAX 　　　　　　　　　　E-mail 非公表
URL https://www.shimizu-kikin.or.jp/

ＮＰＯ法人 市民社会創造ファンド
１０３－００１２　東京都中央区日本橋堀留町１－４－３　日本橋ＭＩビル１階

TEL ０３－５６２３－５０５５　FAX ０３－５６２３－５０５７　E-mail
URL http://www.civilfund.org

公益財団法人 下中記念財団
１６２－０８４３　東京都新宿区市谷田町２－７　伊東ハイム２０２号

TEL ０３－５２６１－５６８８　FAX ０３－３２６６－０３５２　E-mail info@shimonaka.or.jp
URL http://www.shimonaka.or.jp/

公益財団法人 社会貢献支援財団
１０５－０００３　東京都港区西新橋１－１８－６　クロスオフィス内幸町８０１

TEL ０３－３５０２－０９１０　FAX ０３－３５０２－７１９０　E-mail fesco@fesco
URL http://www.fesco.or.jp

公益財団法人 車両競技公益資金記念財団
１１３－００３３　東京都文京区本郷３－２２－５　住友不動産本郷ビル８階

TEL ０３－５８４４－３０７０　FAX ０３－５８４４－３０５５　E-mail kouekijigyou@vecof.or.jp
URL http://www.vecof.or.jp/

公益財団法人 正力厚生会

１００－８０５５　東京都千代田区大手町１－７－１　　読売新聞ビル２９Ｆ

TEL ０３－３２１６－７１２２　　FAX ０３－３２１６－８６７６　　E-mail
URL http://shourikikouseikai.or.jp/

公益財団法人 昭和池田記念財団

１４２－００４１　東京都品川区戸越５－１７－１４

TEL ０３－３７８５－１１４９　　FAX ０３－３７８５－１２７３　　E-mail
URL http://www.smk.co.jp/company/ikeda/

社団法人 昭和会館

１００－００１３　東京都千代田区霞が関３－３－２　新霞が関ビル２０Ｆ

TEL ０３－３５８１－１６２１　　FAX ０３－３５８１－０９５７　　E-mail koueki@showakaikan.or.jp
URL なし

宗教法人 真如苑

１９０－００１５　東京都立川市泉町９３５－３２

TEL ０４２－５３８－３８９２　　FAX ０４２－５３８－３８４１　　E-mail koubo@shinnyo.org
URL http://shinjo-project.jp/koubo/bosai.html

公益財団法人 洲崎福祉財団

１０３－００２２　東京都中央区日本橋室町三丁目２番１号　日本橋室町三井タワー１５階

TEL ０３－６８７０－２０１９　　FAX ０３－６８７０－２１１９　　E-mail info@swf.or.jp
URL http://www.swf.or.jp/

公益財団法人 住友生命健康財団

１６０－０００３　東京都新宿区四谷本塩町４番４１号　住友生命四谷ビル６Ｆ

TEL ０３－５９２５－８６６０　　FAX ０３－３３５２－２０２１　　E-mail
URL http://www.skzaidan.or.jp

西武信用金庫

１６４－８６８８　東京都中野区中野２－２９－１０

TEL ０３－３３８４－６６３１　　FAX ０３－５３８５－５１１１　　E-mail
URL http://www.shinkin.co.jp/seibu/

一般社団法人 生命保険協会

１００－０００５　東京都千代田区丸の内３丁目４番１号

TEL ０３－３２８６－２６４４　　FAX ０３－３２８６－２７３０　　E-mail
URL https://www.seiho.or.jp

一般財団法人 世田谷トラストまちづくり

１５６－００４３　東京都世田谷区松原６－３－５

TEL ０３－６３７９－１６２１　　FAX ０３－６３７９－４２３３　　E-mail stm.301@setagayatm.or.jp
URL https://www.setagayatm.or.jp/trust/fund/application.html

一般財団法人　セブン-イレブン記念財団
１０２-８４５５　東京都千代田区二番町８番地８

TEL ０３-６２３８-３８７２　FAX ０３-３２６１-２５１３　E-mail
URL https://www.7midori.org

一般社団法人 全国食支援活動協力会
１５８-００９８　東京都世田谷区上用賀６-１９-２１

TEL ０３-５４２６-２５４７　FAX ０３-５４２６-２５４８　E-mail infomow@mow.jp
URL http://www.mow.jp

公益財団法人 SOMPO環境財団
１６０-８３３８　東京都新宿区西新宿１-２６-１

TEL ０３-３３４９-４６１４　FAX ０３-３３４８-８１４０　E-mail office@sompo-ef.org
URL https://www.sompo-ef.org

公益財団法人 SOMPO福祉財団
１６０-８３３８　東京都新宿区西新宿１-２６-１　損保ジャパン本社ビル

TEL ０３-３３４９-９５７０　FAX ０３-５３２２-５２５７　E-mail office@sompo-wf.org
URL https://www.sompo-wf.org/

公益財団法人 大同生命厚生事業団
５５０-０００２　大阪府大阪市西区江戸堀１-２-１

TEL ０６-６４４７-７１０１　FAX ０６-６４４７-７１０２　E-mail info@daido-life-welfare.or.jp
URL http://www.daido-life-welfare.or.jp

公益財団法人 大和証券福祉財団
１０４-００３１　東京都中央区京橋１-２-１　大和八重洲ビル

TEL ０３-５５５５-４６４０　FAX ０３-５２０２-２０１４　E-mail fukushi@daiwa.co.jp
URL http://www.daiwa-grp.jp/dsf/grant/

公益信託 タカラ・ハーモニストファンド
６００-８００８　京都府京都市下京区四条通烏丸東入長鉾町２０　みずほ信託銀行京都支店内

TEL ０７５-２１１-６２３１　FAX ０７５-２１２-４９１５　E-mail kouekishintaku.kyotoshiten@mizuhotb.co.jp
URL https://www.takarashuzo.co.jp/environment/

公益財団法人 中央競馬馬主社会福祉財団
１０５-０００１　東京都港区虎ノ門１丁目２番１０号　虎ノ門桜田通ビル２階

TEL ０３-６５５０-８９６６　FAX ０３-６５５０-８９６７　E-mail
URL http://www.jra-umanushi-hukushi.or.jp/

中央労働金庫
１０１-００６２　東京都千代田区神田駿河台２-５

TEL ０３-３２９３-２０４８　FAX ０３-３２９３-２００７　E-mail npo@chuo-rokin.or.jp
URL https://chuo.rokin.com/

社会福祉法人 中日新聞社会事業団東京支部（東京新聞社会事業団）
100-8505　東京都千代田区内幸町2-1-4　中日新聞東京本社内

TEL 03-6910-2520　FAX 03-3503-1438　E-mail
URL http://www.tokyo-np.co.jp/jigyodan/

公益財団法人 つなぐいのち基金
103-0016　東京都中央区日本橋小網町8-2　BIZMARKS日本橋茅場町209　法人管

TEL 03-6758-3980　FAX 050-3153-0279　E-mail info@tsunagu-inochi.org
URL https://tsunagu-inochi.org/

公益財団法人 つなぐいのち基金
103-0016　東京都中央区日本橋小網町8-2　BIZMARKS日本橋茅場町209　法人管理事務局

TEL 03-6758-3980　FAX 050-3153-0279　E-mail info@tsunagu-inochi.org
URL https://tsunagu-inochi.org/

社会福祉法人 テレビ朝日福祉文化事業団
106-8001　東京都港区六本木6-9-1　森タワー1006号

TEL 03-6406-2195　FAX 03-3405-3797　E-mail fukusi@tv-asahi.co.jp
URL http://www.tv-asahi.co.jp/fukushi/

公益財団法人 東急財団
150-8511　東京都渋谷区南平台町5-6

TEL 03-3477-6301　FAX 03-3496-2965　E-mail env@tkk.tokyu.co.jp
URL http://foundation.tokyu.co.jp

東京ウィメンズプラザ
150-0001　東京都渋谷区神宮前5-53-67

TEL 03-5467-1980　FAX 03-5467-1977　E-mail wkoza@tokyo-womens-plaza.metro.tokyo.jp
URL http://www1.tokyo-womens-plaza.metro.tokyo.jp/

一般社団法人 東京キワニスクラブ
101-0047　東京都千代田区内神田2-3-2　米山ビル7F

TEL 03-5256-4567　FAX 03-5256-0080　E-mail tokyokiwanis@japankiwanis.or.jp
URL https://tokyo-kiwanis.or.jp

東京厚生信用組合
160-0023　東京都新宿区西新宿6-2-18

TEL 0120-294-805　FAX 03-3342-4163　E-mail koshin@mxj.mesh.ne.jp
URL https://www.tokyokosei.co.jp

東京CPB
160-0021　東京都新宿区歌舞伎町2-19-13　ASKビル5F

TEL 03-3200-9270　FAX 03-3207-1945　E-mail community-fund@r2.dion.ne.jp
URL http://www.tokyo-cpb.org/

公益財団法人 東京市町村自治調査会
183-0052　東京都府中市新町2-77-1　東京自治会館4階

TEL 042-382-7781　FAX 042-384-6057　E-mail
URL https://www.tama-100.or.jp/

社会福祉法人 東京都共同募金会
169-0072　東京都新宿区大久保3-10-1　東京都大久保分庁舎201

TEL 03-5292-3183　FAX 03-5292-3189　E-mail haibun@tokyo-akaihane.or.jp
URL http://www.tokyo-akaihane.or.jp/

東京都公園協会
160-0021　東京都新宿区歌舞伎町2-44-1　東京都健康プラザハイジア10階

TEL 03-3232-3099　FAX 03-3232-3069　E-mail midorinokikin@tokyo-park.or.jp
URL https://www.tokyo-park.or.jp/profile/

公益財団法人 東京都福祉保健財団
163-0718　東京都新宿区西新宿2丁目7番1号　小田急第一生命ビル18階

TEL 03-3344-8535　FAX 03-3344-7281　E-mail kosodateouen@fukushizaidan.jp
URL http://www.fukushizaidan.jp/313kosodate/index.html

東京ボランティア・市民活動センター
162-0823　東京都新宿区神楽河岸1-1　セントラルプラザ10階

TEL 03-3235-1171　FAX 03-3235-0050　E-mail office@tvac.or.jp
URL https://www.tvac.or.jp/

TOTO株式会社
802-8601　福岡県北九州市小倉北区中島2-1-1

TEL 093-951-2052　FAX 093-951-2718　E-mail
URL https://jp.toto.com/

公益財団法人 都市緑化機構（緑の都市賞）
101-0051　東京都千代田区神田神保町3-2-4　田村ビル2F

TEL 03-5216-7191　FAX 03-5216-7195　E-mail info@urbangreen.or.jp
URL https://urbangreen.or.jp/

公益財団法人 都市緑化機構（緑の環境プラン大賞）
101-0051　東京都千代田区神田神保町3-2-4　田村ビル2階

TEL 03-5216-7191　FAX 03-5216-7195　E-mail midori.info@urbangreen.or.jp
URL https://urbangreen.or.jp/

公益財団法人 都市緑化機構（調査研究活動助成）
101-0051　東京都千代田区神田神保町3-2-4　田村ビル2F

TEL 03-5216-7191　FAX 03-5216-7195　E-mail info@urbangreen.or.jp
URL https://urbangreen.or.jp/

公益財団法人 ドナルド・マクドナルド・ハウス・チャリティーズ・ジャパン
163-1339　東京都新宿区西新宿6-5-1　新宿アイランドタワー39階

TEL 03-6911-6068　　FAX 03-6911-6198　　E-mail
URL http://www.dmhcj.or.jp

ナショナル・トラスト活動助成
171-0021　東京都豊島区西池袋2-30-20　音羽ビル

TEL 03-5979-8031　　FAX 03-5979-8032　　E-mail office@ntrust.or.jp
URL http://www.ntrust.or.jp/

公益財団法人 日工組社会安全研究財団
101-0047　東京都千代田区内神田1-7-8　大手町佐野ビル6階

TEL　　　　　　　　　　　　FAX 03-3219-2338　　E-mail anzen21@syaanken.or.jp
URL http://www.syaanken.or.jp/

公益財団法人 日本財団
107-8404　東京都港区赤坂1-2-2　日本財団ビル

TEL 03-6229-5111　　FAX 03-6229-5110　　E-mail cc@ps.nippon-foundation.or.jp
URL https://www.nippon-foundation.or.jp/

株式会社 日本政策金融公庫 国民生活事業
104-0033　東京都中央区新川1-17-28 日本政策　金融公庫 国民生活事業 東京創業支援センター

TEL 03-3553-6187　　FAX 03-3552-7438　　E-mail
URL https://www.jfc.go.jp/

日本郵便株式会社
100-8792　東京都千代田区大手町2-3-1　大手町プレイスウエストタワー

TEL 03-3477-0567　　FAX　　　　　　　E-mail nenga-kifu.ii@jp-post.jp
URL http://www.post.japanpost.jp/kifu/

公益財団法人 日本科学協会
107-0052　東京都港区赤坂1-2-2　日本財団ビル5F

TEL 03-6229-5360　　FAX 03-6229-5369　　E-mail josei@jss.or.jp
URL http://www.jss.or.jp

日本コープ共済生活協同組合連合会
151-0051　東京都渋谷区千駄ヶ谷4-1-13

TEL 03-6836-1324　　FAX 03-6836-1325　　E-mail contribution@coopkyosai.coop
URL https://coopkyosai.coop/csr/socialwelfare/

一般財団法人　日本国際協力システム
104-0053　東京都中央区晴海2-5-24　晴海センタービル5階

TEL 03-6630 7869　　FAX 03-3534-6811　　E-mail shienngo@jics.or.jp
URL https://www.jics.or.jp/

公益財団法人 日本社会福祉弘済会
136-0071　東京都江東区亀戸1-32-8

TEL 03-5858-8125　　FAX 03-5858-8126　　E-mail
URL https://www.nisshasai.jp/

公益財団法人 日本女性学習財団
105-0011　東京都港区芝公園2-6-8　日本女子会館5階

TEL 03-3434-7575　　FAX 03-3434-8082　　E-mail jawe@nifty.com
URL https://www.jawe2011.jp/

独立行政法人 日本スポーツ振興センター
107-0061　東京都港区北青山2-8-35

TEL 03-5410-9180　　FAX 03-5411-3477　　E-mail kuji-josei@jpnsport.go.jp
URL https://www.jpnsport.go.jp/sinko/

公益財団法人 日本生命財団（ニッセイ財団）
541-0042　大阪府大阪市中央区今橋3-1-7　日本生命今橋ビル4階

TEL 06-6204-4011　　FAX 06-6204-0120　　E-mail
URL http://www.nihonseimei-zaidan.or.jp/

NPO法人 日本チャリティプレート協会
166-0012　東京都杉並区和田1-5-18　アテナビル2階

TEL 03-3381-4071　　FAX 03-3381-2289　　E-mail info@jcpa.net
URL http://www.jcpa.net/jcpa/

公益財団法人 日本テレビ小鳩文化事業団
101-0054　東京都千代田区神田錦町3-19-21　橋ビル六階

TEL 03-5259-5533　　FAX 03-5259-5534　　E-mail nkb@ntvcf.or.jp
URL http://www.ntvkb.jp/

公益社団法人 日本フィランソロピー協会
100-0004　東京都千代田区大手町2-2-1　新大手町ビル244

TEL 03-5205-7580　　FAX 03-5205-7585　　E-mail jpa-info@philanthropy.or.jp
URL https://www.philanthropy.or.jp

一般財団法人 日本メイスン財団
105-0011　東京都港区芝公園4-1-3

TEL 03-3431-0033　　FAX 03-3578-8440　　E-mail charity@masonicfoundation.or.jp
URL http://www.masonicfoundation.or.jp

公益財団法人 練馬区環境まちづくり公社　みどりのまちづくりセンター
176-0012　東京都練馬区豊玉北5-29-8　練馬センタービル3階

TEL 03-3993-5451　　FAX 03-3993-8070　　E-mail メールアドレスは公開していませんが、以下のお問
URL https://nerimachi.jp/

一般財団法人　ハウジングアンドコミュニティ財団

105-0014　東京都港区芝2-31-19　バンザイビル7F

TEL 03-6453-9213　FAX 03-6453-9214　E-mail
URL http://www.hc-zaidan.or.jp/

一般社団法人 パチンコ・パチスロ社会貢献機構

162-0844　東京都新宿区市谷八幡町16　市ヶ谷見附ハイム103

TEL 03-5227-1047　FAX 03-5227-1049　E-mail
URL http://www.posc.or.jp

公益財団法人 パブリックリソース財団

104-0043　東京都中央区湊2-16-25-202

TEL 03-5540-6256　FAX 03-5540-1030　E-mail center@public.or.jp
URL http://www.public.or.jp/

公益財団法人 原田積善会

158-0082　東京都世田谷区等々力3-33-3

TEL 03-3701-0425　FAX 03-3701-2111　E-mail haradasekizenkai@p00.itscom.net
URL http://www.haradasekizenkai.or.jp

生活協同組合 パルシステム東京

169-8526　東京都新宿区大久保2-2-6　ラクアス東新宿7F

TEL 03-6233-7605　FAX 03-3232-2582　E-mail paltokyo-chiiki@pal.or.jp
URL http://www.palsystem-tokyo.coop/

ファイザー株式会社

151-8589　東京都渋谷区代々木3-22-7　新宿文化クイントビル

TEL 03-5309-7000　FAX　E-mail
URL http://www.pfizer.co.jp/

独立行政法人 福祉医療機構

105-8486　東京都港区虎ノ門4-3-13　ヒューリック神谷町ビル9階

TEL 03-3438-4756　FAX 03-3438-0218　E-mail
URL https://www.wam.go.jp/hp/cat/wamjosei/

公益信託 富士フイルム・グリーンファンド

130-8606　東京都墨田区江東橋3丁目3番7号

TEL 03-6659-6310　FAX 03-6659-6320　E-mail
URL http://www.jwrc.or.jp/

PRUDENTIAL SPIRIT OF COMMUNITY ボランティア・スピリット・アワード

100-0014　東京都千代田区永田町2-13-10　プルデンシャルタワー

TEL 03-5501-5364　FAX　E-mail info@vspirit-info.jp
URL http://www.vspirit.jp

BumB東京スポーツ文化館

136-0081　東京都江東区夢の島2-1-3　社会教育セクション

TEL 03-3521-7323　FAX 03-3521-3506　E-mail bumb@partners1.co.jp
URL http://www.ys-tokyobay.co.jp

公益財団法人 ベネッセこども基金

206-8686　東京都多摩市落合1-34

TEL 042-357-3659　FAX 042-356-7313　E-mail info@benesse-kodomokikin.or.jp
URL https://benesse-kodomokikin.or.jp/

公益財団法人 毎日新聞東京社会事業団

100-8051　東京都千代田区一ツ橋1-1-1

TEL 03-3213-2674　FAX 03-3213-6744　E-mail mai-swf@fine.ocn.ne.jp
URL https://www.mainichi.co.jp/shakaijigyo/

認定NPO法人 まちぽっと(ソーシャル・ジャスティス基金)

160-0021　東京都新宿区歌舞伎町2-19-13　ASKビル5階

TEL 03-5941-7948　FAX 03-3200-9250　E-mail info@socialjustice.jp
URL http://socialjustice.jp

公益財団法人 まちみらい千代田

101-0054　千代田区神田錦町3-21　ちよだプラットフォームスクウェア4階

TEL 03-3233-7555　FAX 03-3233-7557　E-mail info@mm-chiyoda.or.jp
URL https://www.mm-chiyoda.or.jp

社会福祉法人 松の花基金

103-0004　東京都中央区東日本橋1-7-2　長坂ビル内

TEL 03-5848-3645　FAX 03-3861-8529　E-mail
URL http://matsunohana.jp/

社会福祉法人 丸紅基金

100-8080　東京都千代田区大手町1-4-2　丸紅ビル

TEL 03-3282-7591・FAX 03-3282-9541　E-mail mkikin@marubeni.com
URL https://www.marubeni.or.jp

公益財団法人 みずほ教育福祉財団

100-0011　東京都千代田区内幸町1-1-5

TEL 03-3596-4531　FAX 03-3596-3574　E-mail FJP36105@nifty.com
URL http://www.mizuho-ewf.or.jp

公益財団法人 みずほ福祉助成財団

100-0011　東京都千代田区内幸町1-1-5　みずほ銀行内幸町本部ビル

TEL 03-3596-5633　FAX 03-3597-2137　E-mail BOL00683@nifty.com
URL http://mizuhofukushi.la.coocan.jp/

三井物産株式会社
100-8631　東京都千代田区丸の内一丁目1番3号　日本生命丸の内ガーデンタワー

TEL 03-6858-3250　FAX 03-3285-9030　E-mail 19MEF-KatsudoTKAES@mitsui.com
URL https://www.mitsui.com/jp/ja/sustainability/contribution/environment/fund/index.html

公益財団法人 三菱財団
100-0005　東京都千代田区丸の内2-3-1　三菱商事ビルディング21階

TEL 03-3214-5754　FAX 03-3215-7168　E-mail
URL https://www.mitsubishi-zaidan.jp

公益財団法人 明治安田こころの健康財団
171-0033　東京都豊島区高田3-19-10

TEL 03-3986-7021　FAX 03-3590-7705　E-mail kenkyujyosei@my-kokoro.jp
URL https://www.my-kokoro.jp

NPO法人 モバイル・コミュニケーション・ファンド
100-6150　東京都千代田区永田町2-11-1　山王パークタワー41階

TEL 03-3509-7651　FAX 03-3509-7655　E-mail info@mcfund.or.jp
URL https://www.mcfund.or.jp/

Yahoo！基金
102-8282　東京都千代田区紀尾井町1-3　東京ガーデンテラス紀尾井町

TEL 非公開　FAX 非公開　E-mail 非公開
URL http://kikin.yahoo.co.jp

公益財団法人 ヤマト福祉財団
104-8125　東京都中央区銀座2-16-10

TEL 03-3248-0691　FAX 03-3542-5165　E-mail y.zaidan@yamatofukushizaidan.or.jp
URL https://www.yamato-fukushi.jp/

公益財団法人 ユニベール財団
160-0004　東京都新宿区四谷2-14-8　YPCビル5階

TEL 03-3350-9002　FAX 03-3350-9008　E-mail info@univers.or.jp
URL http://www.univers.or.jp/

社会福祉法人 読売光と愛の事業団
100-8055　東京都千代田区大手町1-7-1　読売新聞東京本社内

TEL 03-3217-3473　FAX 03-3217-3474　E-mail hikari-ai@yomiuri.com
URL https://www.yomiuri-hikari.or.jp

公益財団法人 楽天未来のつばさ
162-0022　東京都新宿区新宿6-27-30　新宿イーストサイドスクエア16階

TEL 03-6205-5638　FAX 03-6205-5639　E-mail
URL http://www.mirainotsubasa.or.jp

ボランティア・市民活動助成
ガイドブック 2021—2022

発　行／東京ボランティア・市民活動センター
共同発行／東京都社会福祉協議会民間助成団体部会
〒162-0823
東京都新宿区神楽河岸1-1
　TEL　03-3235-1171
　FAX　03-3235-0050

２０２１年６月

（センター管理用）